ARCHITEKTUR

DUMONT

ARCHITEKTUR

Ein Schnellkurs

Christoph Höcker
1957 in Kiel geboren, studierte in Hamburg Klassische Archäologie, Alte Geschichte sowie Vor- und Frühgeschichte. Promotion 1990, seit 2001 Lehrbeauftragter am Institut für Geschichte und Theorie der Architektur an der ETH Zürich. Zahlreiche Publikationen zur Archäologie und Architekturgeschichte.

Umschlagvorderseite:
Grand Hyatt in Shanghai, China: Atrium
(Foto: © Macduff Everton/CORBIS)

Umschlagrückseite von oben nach unten:
Parthenon auf der Akropolis, Athen, Griechenland
(Foto: Rainer Hackenberg, Köln)
Verwaltungsgebäude der Swiss Re, London, Großbritannien
(Foto: picture alliance/dpa, U. Gerig, Frankfurt/M.)
Das Bauhaus in Dessau (Foto: Bildarchiv Monheim, Krefeld)

Frontispiz:
Die Pyramide vor dem Louvre, Paris, Frankreich
(Foto: Wilkin Spitta, Loham)

Bibliografische Information
der Deutschen Bibliothek
Die Deutsche Bibliothek verzeichnet diese
Publikation in Die Deutsche Nationalbiblio-
grafie; detaillierte bibliografische Daten sind
im Internet über http://dnb.db.de abrufbar.

Überarbeitete und aktualisierte Neuausgabe

© 2000 DuMont Buchverlag, Köln
© 2008 der Neuausgabe DuMont Buchverlag, Köln
Alle Rechte vorbehalten
Lektorat: Kirsten Rachowiak, München
Layout und Satz: Annika Herrmann, Köln
Umschlag: Zero, München
Druck und buchbinderische Verarbeitung: Rasch, Bramsche
Printed in Germany
ISBN 978-3-8321-9073-6

Was eigentlich ist Architektur und was kann ein Schnellkurs zu diesem Thema leisten? Die Frage mag trivial erscheinen, aber es ist dennoch durchaus hilfreich, hierüber einmal nachzudenken. Denn viele Bücher zum Thema Architektur haben in jüngster Zeit diesen Gegenstand allenfalls in Ausschnitten präsentiert – allein als Summe historischer und gegenwärtiger Bauformen, dabei oftmals verfangen in einer abendländisch-westlichen Perspektive.

Das Bauen erfüllt seit Urzeiten, etwa beim Errichten von Häusern, wesentliche menschliche Grundbedürfnisse, aber auch in Gestalt überbordender Größe oder aufwendigen Prunks Repräsentationsansprüche Einzelner, größerer Gruppen oder ganzer Siedlergemeinschaften. Hinzu tritt, dass, anders als das Herstellen eines Faustkeils oder eines Topfes, Architektur fast immer eine kooperative, keine individuelle Leistung darstellt – zielbestimmtes, gestaltendes Handeln also einer Personengruppe innerhalb eines jeweils spezifischen historischen Umfeldes. Architektur ist deshalb zu allen Zeiten nicht nur formale Kunstgeschichte, sondern auch immer ein wichtiger Aspekt der Sozialgeschichte der Menschheit gewesen.

Der vorliegende Band versucht, diesem umfassenden Verständnis von Architektur gerecht zu werden. Man findet hier neben den allgegenwärtigen architektonischen Highlights auch Wellblechsiedlungen und Plattenbauten, ärmliche Fachwerkhäuser und verzweifelt an den Fels geklammerte Raubritterburgen – also nicht nur »hehre Baukunst«, sondern auch den architektonischen »Alltag«. Die Arbeitsbedingungen der Architekten sind ebenso Thema wie verschiedene Bautechniken, die Entwicklung neuer Baustoffe und nicht zuletzt die Lebensbedingungen der Menschen in ihrer jeweiligen architektonischen Umgebung. Und natürlich findet sich, bei allem historischen Rekurs, hier auch die Gegenwart zur Genüge – sei es als postmoderne Verstrickung in die Architekturgeschichte, als Entwurf einer radikalen Utopie oder als inhumanes Konzept einer »Maschinenarchitektur«.

Christoph Höcker

Die Architektur der frühen Hochkulturen
Ein Kapitel über die Hochkulturen des Vorderen Orients muss sich mit Bauten auseinandersetzen, die zwischen ca. 3300 und 800 v. Chr. auf einem Gebiet entstanden sind, das mit Mesopotamien (Irak), dem heutigen Iran, Kleinasien und Syrien fast die gesamte »zivilisierte« Welt dieser Jahrhunderte umfasst. Hier, in der »Wiege der Menschheit«, kam es zu zahlreichen architektonischen Entwicklungen, die weit vorauswiesen und von späteren Hochkulturen erst nach langer Zeit, bisweilen auch gar nicht erreicht wurden. So spielten etwa bereits im 6. Jt. v. Chr., also in prähistorischer Zeit, in Çatal Hüyük in Anatolien Ackerbau und Viehzucht eine so bedeutende Rolle, dass zahlreiche Menschen sesshaft wurden und ihre Siedlungen zu städtischen Ballungsräumen heranwuchsen. Erst damit

3100–2850 v. Chr. Frühsumerische Zeit in Mesopotamien	**2000–1600 v. Chr.** Altbabylonische Zeit in Mesopotamien
3100–2612 v. Chr. Frühdynastische Zeit in Ägypten (1.–3. Dynastie)	**1700–1400 v. Chr.** Neupalastzeit auf Kreta, Linear-B-Schrift
2700–2100 v. Chr. Vorpalastzeit auf Kreta	**1720–1530 v. Chr.** Hyksos-Zeit (2. Zwischenzeit) in Ägypten (14–17. Dynastie)
2612–2280 v. Chr. Altes Reich in Ägypten (4.–6. Dynastie)	**ab 1570 v. Chr.** Ab der 18. Dynastie: Neues Reich in Ägypten, Thutmosis III. (1484–50 v.
2350–2150 v. Chr. Akkad-Zeit in Mesopotamien	Chr.), Amenophis III. (1417– 1379 v. Chr.), Tut-anch-Amun
2280–2140 v. Chr. Erste Zwischenzeit in Ägypten (7.–10. Dynastie)	(1359–50 v. Chr.), Ramses II. (1298–32 v. Chr.), Ramses III. (1198–67 v. Chr.)
2150–2000 v. Chr. Neusumerische Zeit in Mesopotamien	**ab 1550 v. Chr.** Mykene: helladische Kultur auf dem griechischen Festland (Schachtgräber)
2100–1700 v. Chr. Altpalastzeit auf Kreta	
2100–1625 v. Chr. Mittleres Reich in Ägypten (11.–13. Dynastie)	**1400–1000 v. Chr.** Spät- bzw. Nachpalastzeit auf Kreta

entstand überhaupt funktionsgerechte Architektur in größerem Umfang – während im damals höchst rückständigen Europa noch steinzeitliche Jäger – und Sammlerkulturen dominierten.

Die bäuerliche sumerische Kultur in Mesopotamien, dem »Zweistromland« zwischen Euphrat und Tigris auf dem Gebiet des heutigen Irak, war seit etwa 4000 v. Chr. geprägt von nahezu großstädtisch anmutenden, miteinander konkurrierenden Zentren: zunächst Uruk (4./3. Jt. v. Chr.), später Ur (3./2. Jt. v. Chr.). Die Lehmziegel-Ruinen von Uruk, von einer Expedition 1849 entdeckt, wurden seit 1912 von der deutschen Orient-Gesellschaft großflächig ausgegraben. Sie zeigen alle Züge einer Hauptstadt eines monarchisch-zentralistisch regierten, hochgradig arbeitsteilig wirtschaftenden Reiches: Um ein repräsentatives Zentrum herum erstreckten sich unzählige kleine Wohn- und Lagergebäude, die von einer nahezu 10 km langen Stadtmauer geschützt waren. Die Stadt wuchs schnell: Bedeckte die Siedlung mit ihren ca. 40 000 Einwohnern um 3300 v. Chr. ca. 200 ha, so benötigten um 2800 v. Chr. die nunmehr wohl über 70 000 Einwohner bereits eine Fläche von ca. 550 ha; mehrfach wurde das ummauerte Areal erweitert. Die zahlreich gefundenen Keilschrifttafeln zeigen einen hohen Stand der Archiv- und Verwaltungstechniken. Die Stadt war zugleich zentrales Depot für Getreide, Waffen und Handelswaren aller Art. Zentrum der Siedlung war die Zikkurat: eine unregelmäßige, teils in der Form einer Stufenpyramide, eine teils turmartig oder als Podium gestaltete hoch aufragende Erhebung, deren obere Plattform als Standort für den Tempel diente. Die genauen Funktionen der in der flachen Landschaft höchst markant wirkenden Zikkurat ist unbekannt; jede größere Stadt Mesopotamiens war jedoch mit einem solchen Bauwerk ausgestattet. Daneben existierte, ebenfalls im Stadtzentrum, als Repräsentationsarchitektur ein umfangreicher Palast. Die kunstvoll gemauerte Lehmziegelarchitektur weist be-

Ziegelarchitektur mit Halbkreisbögen am Palast von Uruk, 3. Jt. v. Chr.

So sah die große Zikkurat von Ur, Irak, aus dem späten 4. Jt. v. Chr. während der 1922 von dem Engländer Leonard Wolley durchgeführten Ausgrabungen aus.

reits an Bauphasen des 3. Jt. v. Chr. perfekt ausgeformte, mittels eines Lehrgerüstes konstruierte Bögen auf – ein Architekturelement, das im Abendland erst in der hellenistisch-griechischen Baukust des späten 4. Jh. v. Chr. wiederentdeckt und technisch beherrschbar wird.

Die Ruinen des südlich von Uruk gelegenen Ur werden ebenfalls von der riesigen Baumasse einer Zikkurat überragt. Auch hier haben sich neben zahlreichen Wohn- und Wirtschaftsgebäuden die Reste eines großflächigen Palastes erhalten, ferner eine umfangreiche Nekropole mit Schachtgräbern und architektonisch geformten Mausoleen (in Gestalt von Wohnbauten mit unterirdischer Gruft).

Das indoeuropäische Volk der Hethiter tritt im Vorderen Orient seit dem frühen 2. Jt. v. Chr. zunehmend als aggressiver Eroberer in Erscheinung. Kerngebiet des Hethiterreiches war zunächst Anatolien mit der befestigten, großräumigen Hauptstadt Hattusa (1834 von Charles Texier etwa 150 km östlich von Ankara beim Dorf Boğzkale entdeckt und in mehreren Kampagnen seit 1907 vollständig ausgegraben). Der hethitische Staat war eine Monarchie mit feudalistischen Zügen, sein König war zugleich höchster Priester. Der Adel, aber auch die Beamtenschaft, hatte bei allen politischen, militärischen und religiösen Entscheidungen Mitbestimmungsrechte. Diese Struktur spiegelte sich im baulichen Erscheinungsbild der in Ober- und Unterstadt unterteilten Hauptstadt wider. Im Zentrum erhob sich ein burgartig bewehrter Königspalast. Im Norden

und Süden überragten Tempelanlagen die zahlreichen
Wohnhäuser, Werkstatt- und Speicherbauten sowie
die zahlreichen Kontorhäuser hier ansässiger, auswär-
tiger Händler.

Eine typische Erscheinungsform von Architektur
bzw. der Siedlungsstruktur verschiedener Kulturen des
Vorderen Orients, insbesondere entlang der Levante-
küste, ist schließlich das Tell: ein in flachen Regionen
oftmals künstlich aufgeschütteter, riesiger Wohnhügel,
der ganzen Siedlungen Platz bot. Häufig waren diese
Orte von Palisaden und Gräben umgeben und ließen
sich auf diese Weise gut gegen Angriffe sichern.

Die pharaonische Architektur Ägyptens

In besonderem Maße hat die monumentale, in weiten
Teilen gut erhaltene Architektur das moderne Bild von
der altägyptischen Hochkultur geprägt: Tempel, Gräber
und Pyramiden, nicht selten mit geheimnisvollen Hiero-
glyphen versehen, sind die viel bewunderten Bauten
einer mystifizierten Gesellschaft mit ihren seltsamen
Bräuchen und Riten. Dabei wird häufig übersehen,
dass das, was heute als altägyptische Architektur vor
Augen steht, lediglich einen kleinen Teil der einstmals
existenten Bauwerke darstellt. Ägyptische Architekturen, insbesondere diejenige für die alltäglichen Zwe-
cke, etwa für Wohnhäuser und Werkstätten, bestanden
durchweg aus wenig dauerhaftem Material: aus unge-
brannten Ziegeln aus Nilschlamm, pflanzlichen Flecht-
werken und Schilf. Nur Architekturen aus unvergäng-

Die Chephrenpyramide
bei Gizeh hat in ihrem
oberen Teil die ansons-
ten nicht mehr vorhan-
denen Verkleidungsplat-
ten bewahrt, die dem
ursprünglich gestuft
konstruierten Baukörper
nachträglich seine glatte
Fassade verliehen.

lichem Material wie Steinquadern sind bis heute erhalten geblieben. Das hierdurch vermittelte Bild der altägyptischen Architektur trügt deshalb. Wie weit verbreitet eine Architektur aus pflanzlichen Werkstoffen war, zeigt sich im Dekor der Steinbauten immer wieder. Vielfach finden sich, etwa bei Säulen, Formen, die – nunmehr in ein anderes Material transponiert – auf ihre eigentliche Herkunft aus dem Bereich der natürlichen Baustoffe zurückverweisen. Von den zahlreichen, streng geometrisch angelegten Wohnsiedlungen, die aus zum Teil dreistöckigen Gebäuden bestanden, ist deshalb ebenso wenig erhalten wie von den ausgedehnten, von Gärten und Teichen umgebenen Palästen.

Monumentalarchitektur aus dauerhaftem Baumaterial begegnet im pharaonischen Ägypten seit etwa 2600 v. Chr. in zwei höchst repräsentativen Bereichen: dem Grab- und dem Tempelbau. Leitform des ägyptischen Grabbaus ist die Pyramide, eine zunächst ausschließlich, später ganz überwiegend den Königen vorbehaltene Repräsentationsform. Die Pyramidenform entwickelte sich allmählich zu ihrem geometrischen Ideal. Am Anfang standen gestufte Monumente, z. B. die Stufenpyramide des Djoser bei Sakkara, um 2650 v. Chr. Noch im 3. Jt. v. Chr. entstand die ideale Form der Pyramide auf quadratischem Grundriss. Bis zum Ende des Alten Reiches um 2100 v. Chr. waren in Ägypten bereits über 20 Hauptpyramiden entstanden, darunter das berühmte Pyramidenfeld von Gizeh bei Kairo mit den beiden größten Pyramiden überhaupt, der Cheops- und der Chephrenpyramide. Die Cheopspyramide (Cheops reg. um 2545–2520 v. Chr.) erhebt sich bei einer Seitenlänge von ca. 228 m auf über 146 m Höhe; die des Chephren (reg. um 2510–2485 v. Chr.) bei einer Seitenlänge von 210 m auf kaum weniger imposante 143 m. Mit über 2,5 Millionen m^2 Baumasse gehört die Che-

Restaurierung des Eingangspropylons von Karnak bei Theben. Altägyptische Tempelbezirke waren durch monumentale Mauern hermetisch von der Außenwelt abgetrennt.

Der Säulensaal des
Tempels von Luxor
wurde unter Ramses II.
(19. Dynastie, 1279–
1212 v. Chr.) errichtet.

opspyramide auch im heutigen Vergleich zu den größten je errichteten Bauwerken der Menschheit.

Weitere etwa zehn kleinere Pyramiden sind aus der
Zeit des Mittleren Reiches bekannt. Im Unterschied zu
denen des Alten Reiches sind sie nicht massiv aus
Stein erbaut, sondern aus Ziegeln, teilweise mittels eines Steingerippes als Strukturträger. Die Pyramiden
des Neuen Reiches (1551–1080 v. Chr.) sind erheblich
kleiner und zieren nun auch Beamtengräber. Die großen Pyramiden des Alten Reiches waren keine singulä-
ren Architekturen, sondern standen im Verbund mit
weiteren Gebäuden: mindestens einem Totentempel,
einem Empfangsplatz und einem repräsentativen Ram-
penweg zum Eingang – Anlagen, die für das Bestat-
tungsritual unentbehrlich waren. Des Öfteren gab es
Nebenpyramiden, etwa als Grabbauten für die Königin.
Die Pyramide selbst enthält eine meist gut gesicherte
Grabkammer. Die erhebliche Größe machte eine lange
Bauzeit erforderlich. Nicht selten hat ein Pharao bereits unmittelbar nach der Inthronisierung mit dem Bau
»seiner« Pyramide begonnen. Errichtet wurden die Pyramiden unter Anleitung von Facharbeitern und Spezialisten durch die während der Trocken- und der Über-
schwemmungszeit zum Arbeitsdienst verpflichteten
freien Feldarbeiter. Als technische Hilfen standen Rampen und Gerüste zur Verfügung. Der Bauvorgang hatte

nicht zuletzt eine soziale bzw. machtpolitische Dimension, da er in den Jahreszeiten, in denen Feldarbeit nicht möglich war, für entlohnte Beschäftigung sorgte – zum Wohle der Arbeiter, aber auch zu dem des dadurch vor Unruhen geschützten Reiches.

Der Höhepunkt des ägyptischen Tempelbaus vollzog sich im Mittleren und Neuen Reich, die meisten Anlagen stammen aus dem 2. Jt. v. Chr. Der ägyptische Tempel entwickelte sich aus unscheinbaren Flechtwerkbauten zu monumentaler Größe. Riesige, ummauerte Tempelkomplexe wie etwa derjenige von Karnak bei Theben prägten zur Zeit der 18. Dynastie (Beginn des Neues Reiches ab 1551 v. Chr.) das bauliche Erscheinungsbild des Niltals. Der eigentliche Tempel erhob sich auf einem rechteckigen, weitgehend klappsymmetrischen Grundriss, der von zahlreichen Kammern und Durchgängen gekennzeichnet war. Eine repräsentative Säulenfront betonte den Eingang an der Schmalseite. Aus diesem, etwa in Gestalt des Horustempels von Edfu, gut bekannten Baumuster (griechisch-hellenistischer Neubau der Zeit um 200 v. Chr., der die Gestalt einer wesentlich älteren Bauphase kopierte) ließen sich mittels Addition riesige Baukomplexe erstellen. Die Tempelanlage von Heliopolis, die größte Ägyptens, bedeckte fast 100 ha Fläche.

Minoische und mykenische Paläste
Die minoische Kultur, benannt nach dem legendären kretischen König Minos, erstreckte sich im 2. Jt. v. Chr. über die südlichen Ägäisinseln. Ein wichtiges Zentrum war neben Kreta vor allem die Insel Thera (Santorin). Kunst und Kultur, aber auch Gesellschaft und Religion der Minoer waren nicht auf das Festland der südlichen Balkanhalbinsel hin orientiert, sondern auf die benachbarten Hochkulturen im Süden und Südosten: Intensive Handels- und Kulturkontakte bestanden zu Ägypten, in den kleinasiatisch-vorderorientalischen Raum und zu Zypern. Ob die Machtbasis der minoischen Kultur,

wie dies der griechische Historiker Thu-
kydides im 5. Jh. v. Chr. beschrieb, eine
unumschränkte Seeherrschaft (»Tha-
lassokratie«) in der Südägäis war, gilt
heute als fraglich. Sicher aber ist, dass
es hochwirksame, politisch-militärisch
stabilisierende Faktoren gegeben haben muss, die es der minoischen Kultur erlaubten, ihre wohlhabenden Paläste, Städte und Siedlungen gänzlich
ohne Schutzmauern zu errichten.

Nabel der minoischen Welt war der
Palast. Ein regelrechtes System der
Palastwirtschaft prägte sich seit etwa
1900 v. Chr. auf Kreta in den Palästen
von Knossos, Kato Zakros, Phaistos und Malia aus. Der
Palast war ein multifunktionales Baukonglomerat. Er
barg als mehrstöckige, um einen großen Zentralhof herum angeordnete, bisweilen fast labyrinthartig verschachtelte Architektur gleichermaßen Magazin- und
Lagerräume, Werkstätten, Wohn- und Repräsentationsräume, aber auch Bereiche für Kult und Religion. Alle
wirtschaftlichen, religiösen und gesellschaftlichen Fä-
den liefen im Palast zusammen – ein durchaus orienta-
lischer Zug, vergleichbar mit den großen Palaststädten
der Babylonier. Und in diesem Sinn vergleichbar war
auch das Aufkommen von Schrift: Die kretische Linear-
A- und später die Linear-B-Schrift waren, ähnlich der

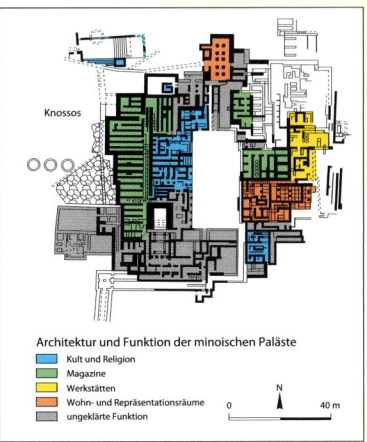

Architektur und Funktion der minoischen Paläste

- Kult und Religion
- Magazine
- Werkstätten
- Wohn- und Repräsentationsräume
- ungeklärte Funktion

Der rekonstruierte
Grundriss des mino-
ischen Palastes von
Knossos zeigt die räum-
liche Verteilung der
Funktionen.

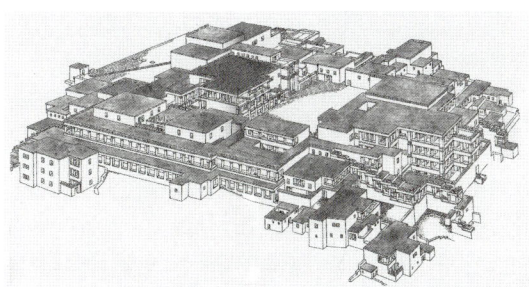

Die Rekonstruktions-
zeichnung vermittelt
einen Eindruck von dem
minoischen Palast von
Knossos.

Keilschrift, Archivschriften im Kontext der Verwaltung einer Palastwirtschaft. Im Umkreis der Paläste, aber auch etwas abseits von ihnen, entstanden verschiedentlich städtische Siedlungen mit mehrstöckigen Wohnhäusern wie auch großzügig-vornehme Villenanlagen. Das jenseits von Architektur und Baukunst Erhaltene der minoischen Kultur – Fresken, Plastiken, Gemmen, Fayencen, Keramik, Metallgeräte, Goldschmuck – dokumentiert einen enormen materiellen Wohlstand ebenso wie bis dahin unerreichte handwerkliche Fähigkeiten.

Von der minoischen Kultur mit ihrem anmutig-friedlichen Gesamteindruck, der die modernen Menschen immer wieder so fasziniert und angeregt hat, unterschied sich die zeitlich weitgehend parallele Kultur der Mykener auf dem griechischen Festland grundsätzlich. Als ein Ableger mitteleuropäischer Bronzezeitkulturen war das Markenzeichen der Mykener eine hoch stehende Waffentechnologie. Lange und kurze Schwerter, Dolche, martialische Rüstungen und Helme, alles aus harten Bronzelegierungen hergestellt, bilden neben einer praktischen, aber wenig kunstvollen Keramik die Leitfunde der mykenischen Kultur, die sich in zahlreichen Gräbern der Zeit zwischen 1800 und 1100 v. Chr. gefunden haben. Dem minoischen Palastsystem nicht unähnlich organisiert waren die mykenischen Burgpaläste, wie sie heute am besten aus der Argolis (Mykene, Tiryns), der Peloponnes (Pylos), Attika (Athen) und Böotien (Orchomenos, Theben, Gla) bekannt sind. Auch sie waren als Herren- bzw. Herrschersitze Zentren von Produktion und Rohstofflagerung, von Handel, von politischer und religiöser Macht. Doch gab es wichtige Unterschiede. Anders als die kretischen Paläste, die über Jahrhunderte in einem friedlichen Miteinander verbunden waren,

Der Palast von Knossos auf Kreta präsentiert sich heute, trotz des bisweilen ruinenhaften Anblicks, als Rekonstruktion, die der englische Ausgräber Sir Arthur Evans ab 1900 durchführte.

herrschte zwischen den mykenischen Zentren in der Regel ein erhebliches Konkurrenzdenken. Dass die mykenischen Paläste mit ihren massiven, aus polygonalen Steinblöcken gefügten Wehrmauern (»Zyklopenmauern«) den Charakter regelrecht hochgerüsteter Burgen aufwiesen, lag nicht nur an der Bedrohung durch ein feindliches Außen, sondern auch und vor allem an den permanenten Konflikten zwischen den einzelnen Gruppen. War die minoische Kultur der Südägäis wenigstens im Kern auf einen Gesamtzusammenhalt, auf Gemeinsamkeit bedacht, so herrschten zwischen den mykenischen Burgen zwar durchaus auch Diplomatie und Koalitionen, insgesamt aber dennoch eher Unfriede. Jeder Clan agierte zunächst für sich allein. Ein soziales System wie etwa das der Burg von Mykene wird man sich vorstellen müssen als eine vielleicht 100 Personen umfassende Sippe von privilegierten Herrschern in der Burg und einer hiervon abhängigen, in dörflichen Streusiedlungen lebenden Landbevölkerung. Ein Umkreis von etwa 5 bis 10 km war von der immer erhöht gelegenen Burg aus gut kontrollierbar; zugleich bot die Burg der Bevölkerung im Kriegsfall Schutz. Die Gründe für den Untergang der mykenischen und minoischen Hochkultur am Ende des 2. Jt. v. Chr. sind bis heute in ihren Details ungeklärt. Die kretischen Minoer sind vermutlich von den festländischen Mykenern erobert und Letztere von Einwanderern aus dem Norden verdrängt worden.

Die Schachtgräber in der Burg von Mykene sind in der Mitte des 2. Jt. v. Chr. angelegt worden.

Bauwesen und Bautechnik

In welch hohem Maße die griechisch-römische Antike impulsgebend für die Architekturgeschichte war, zeigt sich nicht allein an den zahlreichen formalen Adaptationen antiker Baumuster in nachantiken Zeiten, sondern schon in der Nomenklatur: Der Begriff »Architektur« ist dem lateinischen Wort *architectura* entlehnt, das den planerisch-gestalterischen Umgang mit Baukunst beschreibt. Vitruvs um die Zeitenwende entstandene Schrift »De architectura libri decem« (»Zehn Bücher über Architektur«) formuliert dieses bis heute andauernde Verständnis umfassend und zeigt zugleich dessen antike Wurzeln.

Verschiedene, zum Teil vollständig erhaltene Inschriften aus dem späten 5. und dem 4. Jh. v. Chr. geben detaillierte Aufschlüsse über Organisations- und Verfahrensfragen des griechischen Bauwesens – Inschriften, die einst Dokumentations- und Abrechnungszwecken dienten, heute jedoch einen guten Einblick in den Vorgang des antiken Bauens bieten. Deutlich wird dabei, dass Bauen in der griechischen Antike ein höchst komplexer, eng mit gesellschaftlichen Gegebenheiten verknüpfter Vorgang war. Schon die Errichtung eines vergleichsweise kleinen Bauwerks wie des in Inschriften gut dokumentierten Asklepiostempels von Epidauros im 4. Jh. v. Chr. war eine große Herausforderung für Planer und ausführende Handwerker. Form und Gestalt des Bauwerks wurden von der Priesterschaft oder der Stadt als Bauträger, bisweilen in langwieriger und kontroverser Debatte, festgelegt. Der Architekt wirkte hier nicht als autonomer »Baukünstler« mit, sondern sein von diesen Vorgaben abhängiger »Bauplan« war die Grundlage für die Verwirklichung des Bauwerks. Für diese Organisationsaufgabe trug der Architekt zusammen mit einem städtischen oder priesterlichen Gremium (für die Kontrolle der Termine und Kosten) die Verantwortung. Das Bauganze wurde in verschiedene, teils sehr kleine, teils überaus umfangreiche Arbeitsabschnitte zergliedert. Diese »Kontrakte« wurden im Sinne moderner Werkverträge an einzelne Handwerker oder Betriebe zur Ausführung vergeben. Waren im 6. und 5. Jh. v. Chr. überwiegend Kleinbetriebe (in insgesamt großer Zahl) mit einem Tempelbau befasst, finden sich im 4. Jh. v. Chr. zunehmend Großfirmen (die nicht selten Teile ihres Kontraktes an Subunternehmer weitervergaben). Bei sehr großen, zeitlich unüberschaubaren Bauprojekten kam es

ab ca. 925 v. Chr.
Villanova-Kultur bei Bologna, Italien, als Vorläufer der etruskischen Kultur
ab 754 v. Chr.
Gründung griechischer Kolonien in Kleinasien, am Schwarzen Meer, auf Sizilien und dem süditalienischen Festland
753 v. Chr.
Mythisches Gründungsdatum Roms
7. Jh. v. Chr.
Zeit der »Älteren Tyrannen« in Griechenland als Resultat einer umfassenden Krise der Polis-Welt
um 624 v. Chr.
Drakon, erste Gesetzgebung in Athen
594/93 v. Chr.
Solon als Gesetzgeber in Athen
539 v. Chr.
Kyros erobert Babylon, Beginn der Achämenidenherrschaft in Mesopotamien und Kleinasien (Perserreich)
509 v. Chr.
Reformen des Kleisthenes in Athen, Beginn der Demokratie
500–479 v. Chr.
Perserkriege gegen Griechenland, Siege der Griechen bei Marathon, Plataiai und Salamis
478–431 v. Chr.
Zunehmende Konflikte zwischen Athen und Sparta in Griechenland
431–404 v. Chr.
Peloponnesischer Krieg zwischen Athen und Sparta, Sieg Spartas

ab ca. 350 v. Chr.
Rom erobert die Apenninhalbinsel und wird zur Weltmacht, republikanische Verfassung in Rom
359–336 v. Chr.
Der Makedonenkönig Philipp II. dominiert Griechenland, Auflösung der griechischen Polis-Welt und Beginn der hellenistischen Königreiche
336–323 v. Chr.
Regentschaft Alexanders des Großen, Eroberung Persiens; Zerfall des Reiches nach seinem Tod in die Diadochenstaaten
264–241 v. Chr.
Erster von drei Kriegen Roms gegen die Punier, Rom erobert Sizilien
ab 171 v. Chr.
Rom erobert Griechenland, 146 v. Chr.: Zerstörung Korinths und Karthagos
ab 49 v. Chr.
Bürgerkrieg in Italien
44 v. Chr.
Ermordung Caesars
ab 27 v. Chr.
Regentschaft des Augustus (Prinzipat)
14 n. Chr.
Übergang des Prinzipats auf Tiberius, Beginn der römischen Kaiserzeit
3. Jh. n. Chr.
Krise des Römischen Reiches (Thronwirren, Abspaltungen, wirtschaftlicher Niedergang)
ab 284 n. Chr.
Restitution unter der Tetrarchie (»Viererherrschaft«) des Diokletian

seit etwa 300 v. Chr. auch zur Einrichtung dauerhaft tätiger Bauhütten, etwa am hellenistischen Apollontempel von Didyma bei Milet in Kleinasien.

Die Kontraktnehmer waren für die korrekte Durchführung der übernommenen Arbeitsabschnitte verantwortlich, insbesondere aber für die Einhaltung der zuvor festgelegten Termine. Sie hatten einen Bürgen zu stellen und im Verzugsfall erhebliche Konventionalstrafen zu leisten. Dass dies häufig passierte, lässt sich aus dem Umstand erschließen, dass eine Vorausschätzung solcher Strafgelder nicht selten wesentlicher Bestandteil des Kostenkalküls für ein Bauprojekt war. Eine Überschreitung der Kostenkalkulation ging ebenfalls allein zu Lasten der Kontraktnehmer, vereinbart waren Festpreise. Im Gegensatz zur eigentlichen Handarbeit an der Baustelle war die Beschaffung von Baumaterial ausgesprochen teuer. Für den Asklepiostempel von Epidauros musste das Material von weither, zum Teil mit Schiffen, transportiert werden. Wenn hingegen, wie beim Erechtheion auf der Athener Akropolis, bezeugt ist, dass Teams von fünf bis sieben Steinmetzen für die Kannelur einer Säule bis zu zwei Monate Arbeitszeit benötigten, war dies unter dem Gesichtspunkt der Gesamtkosten ein zu vernachlässigender Faktor: Der Arbeitslohn betrug pro Person eine Drachme pro Tag, was ausgesprochen billig war. Er wurde an Freie wie auch an Sklaven (in diesem Falle an ihre Besitzer) in gleicher Höhe gezahlt.

Die Darstellung zeigt verschiedene Techniken zum Heben von Architekturelementen. Hebebossen, stehen gelassene Vorsprünge, um die Seile gelegt werden konnten, wurden später meist abgemeißelt und sind an unvollendet gebliebenen Bauten zum Teil bis heute gut erkennbar. Mit unerhörter Präzision wurden die Steinquader am Bau justiert und anschließend verklammert.

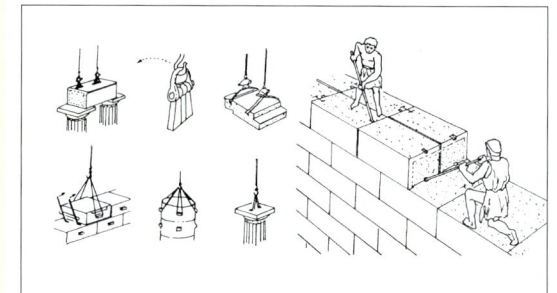

Der Materialtransport und der Versatz der Bauglieder machte spezielle Vorrichtungen wie Walzen, Rollen, Karren, Stemmhebel und mobile Kräne erforderlich. Es war üblich, die einzelnen Bauteile bereits im Steinbruch annähernd in ihre Endform zu bringen. Quader wurden hier ebenso vorgefertigt wie Säulentrommeln, dabei jedoch leicht überdimensioniert, um eine später abzumeißelnde »Schutzschicht« für eventuelle Transportschäden zu besitzen. Nach einem Vorbild *(parádeigma)* wurden dann die exakten Formen der Bauglieder, etwa der Kapitelle, in serieller Kopie direkt an der Baustelle ausgemeißelt und mittels Flaschenzügen oder Hebeln versetzt. Um Beschädigungen der Bauglieder, vor allem derjenigen aus sprödem Marmor oder Kalkstein, auch bei diesem Arbeitsschritt zu vermeiden, wurden mittels Anathyrose die Kontaktflächen der Bauteile minimiert. Wand- und Krepisquader wie auch Gebälkteile wurden dann mit Bronzeklammern fest verbunden, Säulentrommeln fest verdübelt. Erst danach wurde die letzte Marmorschicht am Bau entfernt, wurden die Säulen kanneliert und das Ganze schließlich in bunten Farben bemalt.

Die Stadtmauer von Athen am Kerameikos zeigt, wie eine Lehmziegelmauer einem stabilen Sockel von Steinquadern aufgesetzt wurde, Zustand um 1900.

Dass die antik-griechische Architektur sehr weitgehend aus marmornen oder kalksteinernen Säulen- und Quaderbauten, also aus Tempeln, Hallen etc. bestanden hat, ist ein heute gängiges Klischee, das vor allem durch die relativ gute Erhaltung, also die moderne Sichtbarkeit der Reste solcher Bauwerke entstanden ist. Tatsächlich aber war die überwiegende Mehrzahl antik-griechischer Bauten aus einer vergänglich-fragilen Holz- und Lehmarchitektur erbaut. Von solchen Bauwerken haben sich meist nur noch Reste der massiven Fundamente und Sockel, selten hingegen aufgehendes Mauerwerk erhalten. Teile der Stadtmauer von Athen zeigen indessen aber eindrucksvoll, dass die Lehmbautechnik nicht nur bei unscheinbaren Hütten und Stallungen, sondern auch bei großen Repräsentations- und Wehrarchitekturen gang und gäbe war.

Typen antiker Architektur

Im Gegensatz zur architektonischen Gegenwart mit ihrem fast unerschöpflich wirkenden Repertoire von Bauformen war die Architektur der klassischen Antike in hohem Maß typengebunden – wobei dies für die römische Antike noch mehr zutrifft als für die griechische. Das Spektrum antiker Tempelarchitektur war formal eng begrenzt. Neben der Standardform des in verschiedenen Bauordnungen ausgeführten Ringhallentempels existierten in Griechenland Rundtempel wie etwa diejenigen von Delphi oder Epidauros, daneben eine ganze Reihe von kleineren, wenig repräsentativen Antentempeln ohne Ringhalle. Die solchen Tempeln bisweilen unmittelbar zughörigen Altäre waren nicht immer architektonische Bauwerke. Sie konnten einfache Aschehaufen an der Stelle des Opferplatzes, grob behauene Felsbänke, aber auch Bauten von eher einfachen Tisch- und Bankformen sein bis hin zu riesigen Monumentalbauten (wie etwa der große Zeusaltar von Pergamon). Römische Tempel folgten einem etruskischen Baukonzept und erhoben sich auf einem massiven Podium, das über eine breite Freitreppe zur Tempelfront hin zugänglich war. Anders als der griechische Tempel war der römische auf eine einzige Richtung bezogen. Die Cella im Inneren der Bauten war bei den Kapitolstempeln der Städte in der Regel dreigeteilt; hier wurde die kapitolinische Trias der Götter Jupiter, Juno und Minerva gemeinsam verehrt.

Die um 140 v. Chr. erbaute Attalos-Stoa in Athen war ein Geschenk des Pergamenerkönigs Attalos II. an die Stadt. Sie ist in ihrer sehr exakten Rekonstruktion aus den 1950er-Jahren ein Beispiel für eine griechische Säulenhalle, die als Markt genutzt wurde.

Die griechische Säulen- und Quaderarchitektur, wie sie sich in den Ringhallentempeln manifestierte, findet sich jenseits dieses Bautyps zunächst in insgesamt nur wenigen typologischen Variationen wieder. Hierzu gehörten vor allem seit dem späten 6. Jh. v. Chr. repräsentative Brunnenhäuser, prunkvolle Torbauten (z. B. die Propyläen der Akropolis in Athen), aber auch lang gestreckte Hallen. Erst in der Architektur des Hellenismus (3.–1. Jh. v. Chr.) findet ein grundsätzlicher Wandel statt: Nun begegnen auch mehrstöckige Architekturen mit komplexen, durchfensterten Wandsystemen und zunehmend funktional gestalteten, vielförmigen Grundrissen.

Von erheblicher gesellschaftlicher Bedeutung waren in der Antike Freizeit- bzw. Unterhaltungsarchitekturen. Allen voran die Theaterbauten, die zumindest in Griechenland durchaus nicht nur als Orte zur Aufführung von Schauspielen dienten, sondern auch als politische Versammlungsstätten, als Tagungsorte der Volksversammlung. Griechische Theater nutzten dabei eine natürliche Hangneigung, waren in einen solchen Hang eingebaut, während römische Theater als frei stehende Bauten ausgeführt waren. Gemeinsam war beiden Typen die Binnenstruktur: eine ansteigende *cavea* (die Zuschauerränge) sowie eine *orchestra* (Aktionsplatz) bzw. seit dem 3. Jh. v. Chr. eine ausgeformte Bühne mit mehrstöckigem Bühnengebäude im Hintergrund. Eine Variante des römischen Theaters ist das Odeion, ein

Das im 2. Jh. n. Chr. erbaute römische Theater von Aspendos, Türkei, gilt als das besterhaltene Exemplar dieses antiken Bautyps.

kleiner, gänzlich überdachter Theaterbau für Dichterlesungen und Musikvorführungen (Odeion des Herodes Atticus am Südhang der Athener Akropolis). Spezifische Ableger römischer Theater- und Schauspielkultur sind das Amphitheater und der Circus. Die im Kolosseum in Rom musterhaft ausgestaltete ovale Form des riesigen Amphitheaters, das sich in der römischen Kaiserzeit dann in fast jeder größeren Stadt erhob, geht auf hölzerne Tribünenbauten zurück, wie sie bis ins 1. Jh. v. Chr. in den römischen Städten für Gladiatorenspiele üblich gewesen waren. Die Obrigkeit scheute bei solchen höchst populären Ereignissen die nicht seltenen Ausschreitungen und vermied es über Jahrhunderte, feste, steinerne Amphitheaterbauten in den Städten zuzulassen (als sie dann unvermeidlich wurden, nahmen sie in den Städten, eben aus Gründen der inneren Sicherheit, meist eine Randlage ein). Der Circus, in Gestalt des Circus Maximus der Stadt Rom in seiner Urform erbaut, geht zurück auf griechische Hippodromanlagen. Er diente einerseits für Wagenrennen, aber auch als Start- und Zielpunkt großer Prozessionen und Umzüge. Ein weiterer Typus antiker Freizeitarchitektur ist die Therme: eine öffentliche Badeanlage mit verschiedenen zusätzlichen Sport- und Unterhaltungsangeboten, die zunächst, wie etwa in Pompeji, relativ bescheidenen Prunk aufwies, in der Kaiserzeit jedoch als herrscherliches Repräsentationsobjekt zu einem prachtvollen »Geschenk« an das Volk geriet. Die großen Thermen Roms (u. a. unter Titus, Hadrian, Caracalla oder Diokletian erbaut) waren durch palastartige Ausmaße und höfische Ausstattungsopulenz charakterisiert. Sie integrierten als Bautypen verschiedene ältere, zum Teil urgriechische Formen von Sportarchitekturen, etwa das Gymnasium und die Palästra.

Die Grundformen des antiken Hauses wurden im Imperium Romanum um einige neue Formen städtischen, aber auch ländlichen Wohnens ergänzt. In den städtischen Ballungsgebieten entstanden Mietshäuser, die

Das Modell zeigt ein
vierstöckiges Mietshaus
in der Hafenstadt Ostia
bei Rom, erbaut im
2. Jh. n. Chr.

bis zu sechs Geschosse aufweisen konnten. Eine ebenfalls römische »Erfindung« ist die Villa – der zunächst
landwirtschaftlich geprägte Gutsbetrieb außerhalb der
Stadt, der im 1. Jh. v. Chr. aber immer mehr die Züge
einer Freizeit- und Entspannungsarchitektur der römischen Oberschicht annahm.

Der griechische Ringhallentempel

Kein anderer Bautyp ist in der modernen Vorstellung
enger mit der griechischen Antike verbunden als der
Ringhallentempel, dessen Kernbau (Cella) sich mitsamt dem Säulenumgang auf einem lang-rechteckigen, gestuften Unterbau (Krepís) erhebt. Als perfektes
Beispiel gilt der Parthenon auf der Athener Akropolis,
zwischen 449 und 438 v. Chr. in Rekordzeit errichtet.
Durchaus oft jedoch hatten Tempel wie der Parthenon
gar nichts mit der eigentlichen Kultausübung zu tun,
waren also keineswegs unentbehrliche Requisiten innerhalb eines Heiligtums. Tempel waren, auch wenn sie
als Verwahrorte von Götterbildern in den Kultbetrieb
eingebunden waren, durchweg mit anderen Weihge-
schenken im Heiligtum zu vergleichen. Dabei waren
diese Bauten wegen ihrer Größe und Kostspieligkeit als
»Gemeinschaftsweihungen« Brennpunkte für Aktivitä-
ten, die gerade in den sozial zerrissenen Gesellschaften
der griechischen Stadtstaaten des 7. und 6. Jh. v. Chr.
ideal geeignet waren, als gemeinsames Vorhaben der
Bürgerschaft Integration und Identität zu stiften. Weih-
inschriften an einzelnen Säulentrommeln, Dachzie-
geln oder anderen Baugliedern zeigen, wie individuell

markierte Weihungen in einen übergeordneten Verbund eingefügt wurden. In diesem Sinne als Weihge-
schenk fungierte auch der Parthenon – als ein herausragendes Denkmal, das überdies in einer Vielzahl von
Reliefbildern die politisch-militärischen Ansprüche der
Stadt Athen formulierte, nicht hingegen als Kultbau.

Es ist bis heute nicht gelungen, eine schlüssige Erklärung oder eine typologische Ableitung für die uns
so selbstverständlich erscheinende, tatsächlich aber
keineswegs besonders naheliegende äußere Form des
Ringhallentempels, vor allem für die umlaufende Säulenstellung und den Dekor der Ordnungen, vorzulegen.
Früheste Belege für Holzbauten mit einer ringhallenför-
migen Struktur wie etwa am »Tempel« von Lefkandi (10.
Jh. v. Chr.) stehen isoliert. Im späten 7. Jh. v. Chr. tritt zunächst die dorische Bauordnung als Steinbau und dabei
in ihren Einzelheiten bereits vollständig ausgeprägt in
Erscheinung, vornehmlich auf dem griechischen Festland (Olympia), der westlichen Inseln (Korfu) und bald
auch in den Koloniestädten Siziliens (Syrakus) und Süd-
italiens. Insbesondere die Detailformen des Gebälks
mit ihren »Nägeln«, »Sparren« und »Balken«, aber auch
die Säule mit ihrem Plattenkapitell und der Kannelur
machen es wahrscheinlich, dass hier eine zuvor bereits

voll entwickelte Holzbaustruktur in Steinbauweise umgesetzt wurde, wobei den aus technischer Sicht eigentlich entbehrlichen Formdetails offenbar in hohem Maße Ornamentcharakter zugemessen wurde.

Aus der ionischen Bauordnung mit ihrer charakteristischen Säule aus wulstiger Basis, abgeflachter Schaftkannelur und Volutenkapitell sowie ihrer nun nicht mehr an den Holzbau erinnernden Gebälkformen entwickelte sich erst um die Mitte des 6. Jh. v. Chr. ein echter Formenkanon. Entscheidende Bedeutung kam dabei den archaischen Riesentempeln von Ephesos, Didyma und Samos zu. Die schmuckreich-elegante ionische Ordnung sowie seit dem 4. Jh. v. Chr. dann auch zunehmend die hiervon abgeleitete korinthische Ordnung verdrängen in den Jahren nach 300 v. Chr. die dagegen spröde dorische Ordnung allmählich vollständig. Neue Formen wie kreisrunde Bauten finden sich nun zunehmend häufig.

Der griechische Ringhallentempel war in den gut 200 Jahren zwischen 600 und 400 v. Chr. erheblichen Formveränderungen unterzogen. Zunehmnd prägte sich eine Art Baukastensystem aus, was verständlich erscheint, wenn man sich vor Augen führt, dass etwa ein dorischer Ringhallentempel nur aus einer recht begrenzten Anzahl von immer wieder repetierten Bautei-

Der Parthenon auf der Athener Akropolis bestand gänzlich aus Marmor und war mit seinen 8 x 17 Säulen ungewöhnlich großzügig dimensioniert, dabei jedoch optisch außerordentlich harmonisch und proportioniert berechnet.

Der »dorische Eckkon-
flikt« war ein in der An-
tike allgemein bekanntes
und diskutiertes archi-
tektonisches Problem,
dessen Unlösbarkeit laut
Vitruv schließlich zur
Aufgabe der dorischen
Bauordnung führte. Er
bezeichnet die Unmög-
lichkeit, eine gleichmä-
ßig um die Ecke biegen-
de Abfolge von Trigly-
phen (t) und Metopen (a)
über der Säulenstellung
zu bewirken.

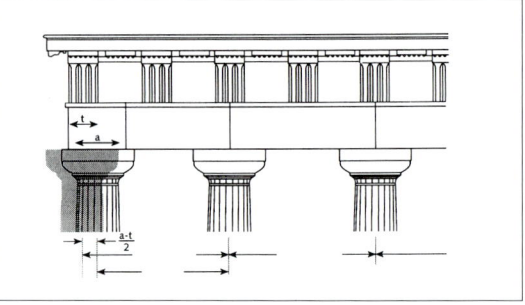

len, Strecken und Streckenverhältnissen bestand. Immer regelmäßiger wurden die Säulenabstände, immer
ausgewogener die Proportionen der Einzelteile wie
auch des Bauganzen. Immer akribischer rückte man
schließlich den strukturell bedingten Problemen der
Bauordnung, etwa dem »dorischen Eckkonflikt«, zu
Leibe, bis schließlich am Ende der Experimentierphase
ideale Baumuster gewonnen waren, die nun immer
wieder aufs Neue Anwendung fanden. Schon aus wenigen Resten eines griechischen Tempels lässt sich deswegen nicht nur das gesamte Bauwerk recht einfach
und exakt rekonstruieren, sondern anhand der relati-
ven Stellung in diesem Entwicklungsprozess auch seine Datierung auf wenige Jahrzehnte genau ermitteln.

Das griechisch-römische Haus
Privater Luxus, der sich als besonderer, demonstra-
tiver Aufwand etwa bei Hausarchitekturen dokumentiert, ist der griechischen Antike zunächst fremd. Relativ schlichte Gebäude, meist mit einem Hof im Zentrum, bilden hier den Mittelpunkt des ökonomischen
und häuslichen Lebens der einzelnen Sippen in den
Städten. Es waren Großfamilien mitsamt dem Gesinde
und ihrer Hauswirtschaft, die hier unter einem Dach
lebten. Weit verbreitet war der Typus des Pastashau-
ses: Vom Oikos, dem Hof aus, war ein quer gelagerter
Korridor (Pastas) zugänglich, der in den meist zweistö-

ckigen Wohntrakt führte. Um den Hof herum fanden sich Werkstatt, Laden oder Vorratsräume.

Baulicher Luxus in nennenswertem Umfang trat erst im 4. Jh. v. Chr. auf und damit in einer Zeit, in der sich in ganz Griechenland ein Rückzug der Bürger aus der aktiven Teilnahme am Leben der Polis in die Privatsphäre konstatieren lässt. Große Peristylhäuser entstehen, bei denen sich immer mehr das Andron, der für das Symposion vorgesehene, klinenbestandene Männerraum, zu einer Art »öffentlichem«, von Gästen viel besuchten Bereich auswächst, während demgegenüber die Privatgemächer hiervon strikt abgetrennt sind. Andron und Peristyl werden in ihrem baulichen Aufwand und in ihrer Dekoration mit Mosaiken oder Fresken zu Gradmessern des sozialen und ökonomischen Status des Hausherrn. Innerhalb moderner griechischer Städte erhoben sich solche Häuser, dicht aneinandergebaut, auf lang-rechteckigen Insulae, den von einem rechtwinkeligen Straßennetz »ausgeschnittenen« Siedlungsflächen. Sie standen zunächst wohl auf immer gleich großem Terrain – eine urbanistische Struktur, die sich jedoch, etwa durch Zukauf des Nachbargrundstücks und anschließende Hauserweiterung, schnell verändern konnte.

In Italien entstand im 4. Jh. v. Chr. der Typ des Atriumhauses: eine nach außen abgeschlossene, im Allgemeinen einstöckige, verschiedentlich (wie etwa in

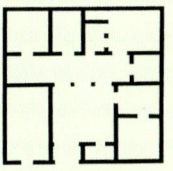

Der Grundriss zeigt ein Pastas-Haus aus der nordgriechischen Stadt Olynth, erbaut um 350 v. Chr.

Die idealisierte Rekonstruktionszeichnung zeigt die im Prinzip immer gleichartigen Häuser im nordgriechischen Olynthos. Sie erhoben sich, in Reihe gebaut, auf normierten Grundstücken in einem *insula* genannten Karree. Dessen Bebauungsfläche lag innerhalb eines Rasters sich rechtwinkelig kreuzender Straßen.

Herkulaneum) aber auch zweistöckige Architektur mit einem Hof im Zentrum, der – bis auf einen kleinen Lichtschacht – von einem Satteldach überdeckt war. Um dieses Atrium herum gruppierten sich die verschiedenen Wohnräume. Der hintere Teil des Hauses bestand üblicherweise aus einem hoch ummauerten kleinen Hofgarten. Den Eindruck der hermetischen Abgeschlossenheit dieses Haustyps komplettiert die Straßenfront: Links und rechts des meist schmalen und unscheinbaren Eingangs finden sich Läden, die nur zur Straße hin offen und ohne Verbindung zum Haus waren.

Je nach finanziellen Möglichkeiten des Besitzers war dieses Architekturkonzept bis hin zu regelrechten Stadtpalästen erweiterbar, wie es sich etwa an den Häusern des 79 n. Chr. im Inferno des Vesuvausbruchs versunkenen Pompeji noch gut nachvollziehen lässt. Das Atriumhaus konnte, falls genügend Grundfläche innerhalb einer Insula zur Verfügung stand, mit dem Konzept des griechisch-hellenistischen Peristylhauses verbunden werden wie etwa bei der Casa del Fauno in Pompeji: Hier erstreckte sich ein labyrinthartiges Haus auf über 2000 m² Grundfläche, das zwei Atrien und sogar zwei weitläufige Peristyle, eines davon überdacht, das zweite als Garten konzipiert, mit den Wohntrakten kombinierte.

Meist waren diese Häuser nach Süden hin ausgerichtet und in Raumfolge und Bauweise so angelegt, dass im Sommer eine Überhitzung vermieden und im

Es gibt zwei Grundtypen des römischen Hauses: Das Peristylhaus (links) steht in hellenistisch-griechischer Tradition, das Atriumhaus (rechts) hat etruskisch-italische Wurzeln. In Pompeji dominieren Vermischungen beider Typen.

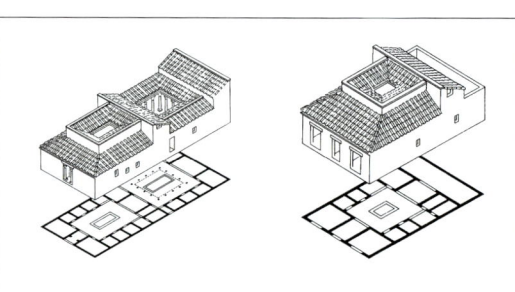

Winter Sonnenenergie gespeichert werden konnte.
Aufwendige Heizungen waren nur in Regionen außerhalb des Mittelmeerraums üblich. Abhängig von der
finanziellen Möglichkeit des Hausherrn war auch die
Ausstattung der Häuser. Schlichte Holzmöbel und ein-
fachste ornamentale Wanddekoration, aber auch Reste von höchst aufwendigem Interieur fanden sich in
Pompeji: elfenbein- oder metallbeschlagene Möbel,
Kandelaber und Klinen aus Bronze, filigrane, großflä-
chige Wandmalereien und Mosaikböden, Statuen als
Schmuck der Peristyle. Nicht erhalten, aber sicher einst
vorhanden waren kostbare Kissen und Stoffe, Sticke-
reien, ferner zahlreiches Silbergerät und Geschirre.

Innovationen antik-römischer Baukunst und Bautechnik

Die Casa del Fauno in
Pompeji mit dem Gar-
tenperistyl wurde zeit-
weilig auch Casa Goethe
genannt. Hier wurde
1832 das berühmte Mo-
saik mit der Darstellung
einer Schlacht zwischen
Alexander dem Großen
und dem Perserkönig
Dareios, das sogenannte
Alexandermosaik, ent-
deckt (heute Neapel,
Nationalmuseum).

Von allen Relikten der römischen Antike sind in Mittelalter und Moderne die Ingenieursleistungen am meisten
gerühmt worden. Nicht nur Prunk und Größe, sondern
auch die Haltbarkeit, die technische Ausgeklügeltheit
und die immer wieder überraschende Funktionalität
der Bauten war Gegenstand stetiger Bewunderung.
Brücken- und Straßenbau, Wasserleitungen, mehrstöckige Hochhäuser, riesige Kuppelsäle und weit ge-
spannte, tonnenüberwölbte Basiliken waren Phänomene der römischen Architektur, die nachfolgenden Generationen Maßstab und Herausforderung zugleich
waren – Innovationen aber auch, die nicht allein den
Bereich der Bauformen betrafen.

Krieg die antik-griechische Architektur jenseits der
Quader- und Säulenarchitektur insgesamt von eher unscheinbaren und vergänglichen Holz- und Lehmziegel-
bauten gekennzeichnet, revolutionierte die römische
Erfindung des Gusszements und des gebrannten Zie-
gels nicht nur die Bauformen und ihre physische Dauerhaftigkeit, sondern auch alle technisch-organisato-
rischen und sozialen Aspekte des Bauwesens. Das
dem heutigen Zement ähnliche, verflüssigbare und

deshalb in einer Holzschalung nahezu beliebig formbare *opus caementicium* war ein Baustoff, der schnell aushärtete, beinahe unbegrenzt belastbar und kaum zerstörbar war und der als unansehnlicher grauer Gusskern mit verschiedenen Ziegelstrukturen, mit polierten Marmor- oder Travertinplatten oder mit Tuffsteinen dekorativ verblendet werden konnte. Diese Zementgusstechnik, aber auch ein kompaktes Mauerwerk aus gebrannten Ziegeln ermöglichte einen erheblichen Zuwachs an architektonischen Formen. Fassaden konnten durch Nischen, Einrückungen nach innen und außen sowie durch gewölbte Apsiden gegliedert werden. Räume ließen sich mit gegossenen, weit gespannten Tonnengewölben oder Kuppeln mit Durchmessern von über 40 m, wie etwa beim Pantheon in Rom, überdecken. Stützpfeilerkonstruktionen führten zum Bau massiver Substruktionen von Hangarchitekturen oder talüberquerender Aqädukte, und die Gusszement- wie auch die Ziegeltechnik ermöglichten insgesamt ein bis dahin ungekanntes Hochbauverfahren.

Damit einher ging eine Revolution der sozialen Komponenten des Bauwesens. Benötigte die griechische Säulen- und Quaderarchitektur zahlreiche hoch spezialisierte Handwerkstechniken und Gewerke für Bruch, Transport, Ausformung und Versatz der schweren Bauglieder, so ließ sich mithilfe der neuen Fertigungstechniken schnell ein großes Bauvolumen erzeugen, das zwar Organisatoren und Spezialisten – insbesondere für den Holz- und Schalungsbau – benötigte, in der Hauptsache aber eine große Zahl von sachlich nicht notwendigerweise kompetenten Hilfskräften. So ließ sich Sklavenarbeit in großem Umfang im Bauwesen verwenden, aber auch unausgebildete Tagelöhner konnten in Transport, Zement- und Ziegelherstellung oder in der Holzbearbeitung beschäftigt werden, wie dies – als eine Art »Arbeitsbeschaffungsmaßnahme« – im Baubetrieb der römischen Kaiserzeit auch immer wieder geschah.

Römische Gusszementmauern wurden, wie hier in Pompeji an einer Wand aus dem 1. Jh. n. Chr., mit Tuffsteinen oder Ziegeln verkleidet.

Römischer Bauluxus

Rom als Inbegriff von Luxus und Dekadenz – dieses bis heute nachwirkende, aus der antiken Literatur überlieferte und dann in nachantiken Historienbildern, Theater- und Filmkulissen, in Comics à la »Asterix« immer wieder thematisierte Klischee hat zweifelsohne einen wahren Kern, ist jedoch zumindest in republikanischer Zeit der römischen Antike nicht zueigen gewesen. Autoren wie Cato oder Columella beschworen das einfache Landleben, das aus ehrlich abgemühten Tagewerken bestehen sollte, nicht aus Verweichlichung und Muße. Erst der Kontakt zur griechisch-hellenistischen Staatenwelt, in den Rom im Zuge seiner Eroberung des Mittelmeerraums zwangsläufig geriet, brachte Kenntnisse von raffinierten Luxusformen mit sich, die im 1. Jh. v. Chr. dann einen radikalen Wandel der Einstellung hierzu bewirkten. Auch in der Architektur findet sich fortan Luxus auf den verschiedensten Ebenen. Am markantesten hat Augustus, der erste römische Kaiser, diesen Wandel formuliert, indem er sich rühmte, zu Beginn seiner Regentschaft ein Rom aus Ziegeln vorgefunden und es in eine Stadt aus Marmor umgestaltet zu haben.

Römische Betonarchitektur, ob Brücke oder Tunnel, war nicht selten ein Symbol für die Überwindung widriger natürlicher Gegebenheiten durch eine alles bezwingende, niederringende Kultur, so wie der Pont du Gard bei Nîmes, Südfrankreich, ein Aquädukt des 1. Jh. n. Chr.

Römischer Bauluxus manifestierte sich zunächst auf der Ebene des verwendeten Baumaterials. Marmor verschiedenster Färbung und Herkunft wurde entweder als massives Material, etwa für Säulen und Gebälke, oder aber als Verblendmaterial von geziegelten oder aus Zement gegossenen Wänden und Decken benutzt. Je farbenprächtiger der Stein und je höher der Preis für Abbau und Transport, desto größer war das Moment der Repräsentation, der Denkmalcharakter für den spendablen Erbauer. Der Kenner wusste genau um die Unterschiede, konnte einen vergleichsweise »billigen« weißen Marmor aus der unmittelbaren Nachbarschaft, etwa aus den ca. 300 km von Rom entfern-

ten Brüchen von Carrara, sehr wohl von dem prestige-
trächtigen, milchig-schimmernden, fein gemaserten
Marmor der griechischen Inseln Paros oder Naxos unterscheiden und den »echten« roten Porphyr aus Ägyp-

ten als höchst wertvollen Baustoff er-
kennen. Alle Bauwerke mit repräsentativen Ansprüchen, also vor allem
öffentliche Bauten des Staates bzw.
der Staatsorgane wie Ehrenbögen,
Theater- und Arsenalbauten etc., waren Gegenstand solcher Art Bauluxus.
Nicht selten befand sich am oder in
der Nähe des Bauwerks eine Inschrift,
die den Bauherrn (Stadtverwaltung,
Senat, Kaiser oder Privatmäzen) und
seinen getätigten Aufwand pries.

Der Kanopos, ein künst-
licher Kanal in der Villa
des römischen Kaisers
Hadrian bei Tivoli in Lati-
um aus dem 2. Jh. n. Chr.,
führte in eine zum Spei-
seraum umgebaute Grot-
te und war von Kopien
berühmter griechischer
Statuen gesäumt.

Eine zweite Kategorie des römischen Bauluxus findet sich in denjenigen Architekturen verwirklicht, die
in ihrer Funktion im Bereich des Luxus verhaftet sind.
Allen voran geht hier die römische Villa, der zunächst
landwirtschaftlich orientierte Gutsbetrieb, der sich im
1. Jh. v. Chr. zunehmend zu einem Landsitz der städtischen Oberschicht und damit zu einer mußegepräg-
ten Freizeitarchitektur wandelt, in der die landwirt-
schaftliche Nutzung zur kostspieligen Liebhaberei des
Villenbesitzers gerät. Villen der Zeit des 1. Jh. n. Chr. formulierten ganze Weltbilder: Künstlich erzeugte Blick-
achsen integrierten die Natur in die Baulichkeiten ebenso wie geschlagene und dann wohnlich eingerichtete
Grotten. Umgeleitete Bäche bewässerten plätschernd
naturnah gestaltete Gärten, programmatisch zusam-
mengestellte Bibliotheken und Statuenensembles,
Mosaikschmuck und Wandfresken verwiesen auf die
Vorbildhaftigkeit griechischer Kultur und Bildung (und
natürlich darauf, dass der Villenbesitzer diesem Selbst-
verständnis demonstrativ folgte. Die Villa als künstlich
geschaffene, gleichwohl »naturnahe« Luxuswelt – dieses Ideal wird in der Renaissance- und später in der Ba-

rockarchitektur Italiens unmittelbar wieder aufgegriffen und fortgesetzt. Vom Prunk der Villa hin zum Palast eines Kaisers, Statthalters oder – später – auch eines Bischofs war es nur ein kleiner Schritt. Nicht selten ähneln sich dann in der Spätantike Villen und Paläste in Bauformen und Ausstattung ganz erheblich.

Ein besonderer Gegenstand von Bauluxus, sowohl hinsichtlich Ausstattung als auch Funktion, waren die großen Thermenanlagen in den Städten – gewissermaßen als Paläste des Volkes. Thermen waren riesig dimensionierte Freizeitarchitekturen, meist Stiftungen der Kaiser oder der kommunalen Magistraten, und dabei immer Stiftungen mit Demonstrationscharakter. Die Anlagen waren meist kostenlos zugänglich. Die Besucher konnte hier nicht nur baden, sondern zahlreiche weitere Dienstleistungen in Anspruch nehmen: Ärzte und Zahnärzte, Gymnasten oder Rechtsanwälte hatten in den Thermen ebenso ihr Domizil wie Scharlatane, Quacksalber und Prostituierte. Die Bauten waren opulent und mit allem erdenklichen Komfort ausgestattet. Riesige Glasfenster erhellten die überkuppelten bzw. überwölbten und aufwendig dekorierten Innenräume, leistungsfähige Heizungssysteme sorgten für heimelige Wärme, umfangreiche Garten- und Parkanlagen rahmten die Bauten, in denen das städtische Volk seine meist bescheidenen Lebensumstände vergessen sollte.

Der Palast des römischen Kaisers Diokletian in Split, erbaut Anfang des 4. Jh. n. Chr., war eine luxuriöse Architektur im Stil eines Militärlagers. Besonders repräsentativ ausgestaltet war die Seeseite mit ihrem Schiffsanleger (Rekonstruktionszeichnung von 1912).

Erd-, Höhlen und Naturarchitektur

Seit dem Altertum gibt es einen Bereich der Baukunst, der von aus dauerhaften Materialien erbauter Architektur abweicht. Er hat sich bis heute tradiert und ist in seinen Formen und Bauweisen an Vielfältigkeit kaum zu überbieten: die Naturarchitektur, entweder aus vergänglichen Materialien konstruiert oder als Erd- bzw. Felshöhle ausgestaltet. Oft sind jedoch die materielle Not, der regional begrenzte Mangel an alternativen Baumaterialien oder andere äußere Umstände der Grund solcher Baufor-

men. Die romantische Idealisierung solcher Naturarchitektur, etwa die in Marc-Antoine Laugiers berühmter Schrift »Essay sur l'architecture« (Erstausgabe Paris 1753) dargelegte visionäre Idee einer »Ur-Hütte«, ist eine verklärende Sichtweise, die den Bewohnern solcher Architektur gewiss fremd bleiben wird.

Weite Teile der Architektur des alten Ägyptens bestanden aus vergänglichem Material. Schilf, Holz, Lehm und Flechtwerk waren hier weit verbreitete Baumaterialien –

Naturrohstoffe, die auch in anderen Hochkulturen des Altertums breite Anwendung gefunden haben. Auch Höhlenarchitektur gibt es seit der Antike: genutzt als Heiligtum, als (bisweilen sogar künstlich erzeugte) ausstaffierte Grotte für Symposien wie z. B. in den römischen Villenbauten oder mit der Grabarchitektur verbunden. Bekannteste Beispiele sind die Heiligtümern zugehörigen Grotten von Capri, das Grottentriclinium der Hadriansvilla in Tivoli bei Rom und bezüglich der Grabarchitektur die Katakom-

Die »Urhütte« diente als romantisierende Verklärung von Naturarchitektur: Frontispiz zur zweiten Auflage von Marc-Antoine Laugiers Traktat »Essay sur l'architecture« von 1753.

ben in Rom, Syrakus oder Neapel – durchdacht konstruierte Grabanlagen mit zunächst durchaus nicht rein christlichem Charakter, die in labyrinthartigen unterirdischen Gängen angelegt waren. Von herausragender Bedeutung sind darüber hinaus die mit aufwendigen architektonischen Fassaden verzierten nabatäischen Felsengräber von Petra in Jordanien.

Höhlenarchitektur hat auch in vielen nachantiken Kulturen eine lange Tradition. Sie ist hier meist aus einem besonders ausgeprägten Schutzbedürfnis heraus entstanden, denn Felshöhlen lassen sich gegen Angreifer in der Regel nahezu perfekt verteidigen. Aus solchen Gründen entstanden die zahlreichen Felsenkirchen in Armenien, vor allem aber riesige Höhlensiedlungen wie etwa die von Göreme in der Türkei oder auch Matera in Süditalien. Wie von Menschen bewohnte Termitenhaufen müssen diese Städte einst gewirkt haben. Die »Sassi« von Matera, im unwirtlichen Bergland der Basilicata gelegen,

wurden zwar schon 1993 zum Weltkulturerbe der UNESCO erhoben, sind aber durchaus auch noch heute als Behausungen genutzt; als besonders sehenswert gelten die Felsenkirchen der Stadt. Die Felswohnungen von Göreme in Kappadokien sind seit 1985 zu einem Nationalpark umgewandelt und zur bloßen Touristenattraktionen geworden.

Gegenüber solchen aus Schutzgründen erbauten Höhlenlabyrinthen und befestigten Felsarchitekturen, die sich ebenso in China, Nord- und

Die gewaltige, zweistöckige Relieffassade des Felsengrabes von Petra, Jordanien, aus dem 1. Jh. n. Chr. steht in der Tradition hellenistisch-griechischer Grabbauten.

Erd-, Höhlen und Naturarchitektur

Die Lehmarchitektur in Sanaa, Jemen, ist mit prachtvoller Ornamentik ausgestattet.

Südamerika oder Afrika finden, unterscheidet sich Architektur aus natürlichen, vergänglichen Baustoffen grundsätzlich – auch wenn hier zunächst der Umstand der Ausnutzung der Natur eine Analogie bildet. Lehmarchitektur etwa ist deutlicher Indikator für das Fehlen anderer, haltbarer Baustoffe, bleibt aber im Hinblick auf die Baukunst nicht hinter der jeweils zeitgleichen Stein- oder Holzbauweise in anderen Regionen zurück. Ein Gesamtkunstwerk aus Lehm ist die Altstadt von Sanaa im Jemen; die verwinkelten Straßenzüge sind gesäumt mit bis zu sechsstöckigen, nach außen hin aufwendig dekorierten, im Inneren gut bewohnbaren und vor allem gut klimatisierten

Lehmhäusern – Bauten, die jedoch ständiger Pflege und Reparaturen bedürfen. Noch spektakulärer präsentiert sich Shibam im Jemen. Auf einem Felsplateau im Wadi Hadramaut gelegen, erheben sich hier im »Chicago« der Wüste eng aneinandergebaute, bis zu neunstöckige Hochhäuser aus Lehm, die von einem Holzskelett getragen werden und in einem Zyklus von 15 Jahren von Grund auf erneuert werden müssen; ein Anstrich aus weißem Kalk schützt vor den hier sehr seltenen Regenfällen. Kaum minder kunstvoll, in den Siedlungen jedoch sehr viel weniger städtisch organisiert sind die Lehmbauten der Dogon im heutigen Mali – fantasievolle, oft mit Schilfmatten überdachte Konstruktionen, die bisweilen an einen architektonischen Expressionismus im Stile eines Gaudí oder Hundertwasser erinnern. Es sind Sippenhäuser, in denen Großfamilien mit bis zu 50 Personen leben und in denen Wohnen und Wirtschaften gleichrangig nebeneinander stehen. Ihre meist gerundeten Grundrisse mit wabenförmig aneinandergereihten Räumen ähneln Wespennestern, zeigen im Querschnitt jedoch eine beeindruckend konsequent umgesetzte, bis zu dreistöckige Baustruktur.

Ganz ähnlich nutzen Indianer im Amazonasgebiet für ihre Laub- und Holzhütten sowie verschiedene afrikanische Ethnien bei ihren Strohbauten die vorhandenen natürlichen Ressourcen und machen das Fehlen eines für dauerhafte Architekturen geeigneten Baustoffes wett. Die oft riesigen, dafür in relativ geringer Zahl meist um einen Platz herum gruppierten Langbauten spiegeln in Benutzung und Bewohnung stets die sozialen Verhältnisse wider. Je nach Sitte können solche Langbauten einzelnen Sippenverbänden oder aber verschiedenen, hierarchisch voneinander unterschiedenen sozialen Gruppen zugewiesen sein. Diesen »Ur-Hütten« in vergänglichem Material und in gesellschaftlich-sozialer Nutzung durchaus vergleichbar sind schließlich die Iglubauten der Alaska- und Grönlandinuit – auch sie bilden labyrinthisch aneinandergefügte Konglomerate von zum Teil riesigen Ausmaßen, dienen Großfamilien oder gesellschaftlichen Gruppen als Behausung.

Ein Beispiel für die Lehmarchitektur der Dogon in Mali ist das vielräumige Gemeinschaftshaus der Großfamilie Gindou. Der Querschnitt zeigt eine funktional durchdachte, strukturierte Mehrstöckigkeit.

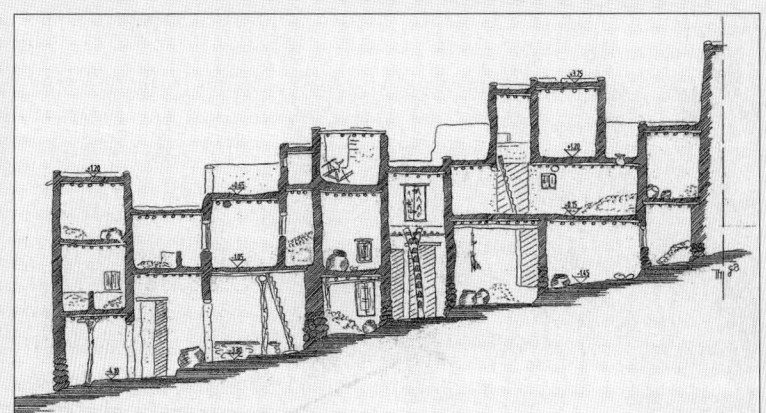

Die Grundformen frühchristlichen Kirchenbaus

Die frühesten christlichen Kirchen, die im 4. Jh. n. Chr. in der Ära des zum Christentum konvertierten Kaisers Konstantin erbaut wurden, bedienten sich der architektonischen Form der Basilika, einer lang-rechteckigen, meist dreischiffigen, im Mittelschiff zweistöckigen und von hier aus mittels Fenstern beleuchteten Halle mit Eingang, Vorraum (Narthex) und Eingangshof (Atrium) an der Querseite sowie einer Apsis mit Chor an der dem Eingang gegenüberliegenden Seite. Dieser Bautyp hat in der antik-römischen Architekturgeschichte eine lange, funktional jedoch sehr heterogene und deshalb eigentlich nur schwer mit christlichem Kult in Verbindung zu bringende Tradition. Die Basilika ist zunächst ein Bau für Markt, Händler und Juristen, in den römischen Städten am Forum gelegen, dort gewissermaßen ein architektonischer Annex einer Platzanlage und meist mit einem Eingang an der Langseite versehen. Die Herkunft des Typus ist umstritten. Die frühesten Basiliken in Rom waren die nach ihren Stiftern benannten Basilika Porcia und Basilika Opimia (2. Jh. v. Chr.) am Forum Romanum.

Seit etwa 100 n. Chr. findet sich der Typus der Basilika zunehmend, in der Spätantike dann fast regelmäßig auch im repräsentativen Villen- und Palastbau. Hier diente der lang gestreckte, mehrschiffige und auf eine Apsis hin orientierte Baukörper als Thron- bzw. Repräsentationssaal, als »Aula Regia« des Herrschers bzw. des Domänenpatrons. Inwieweit zwischen der frühchristlichen Basilika und diesen profanen bzw. paganen Baukontexten Beziehungen bestanden haben, ist umstritten. Sicher ist jedoch, dass ein Bau wie die zunächst als Aula Regia des Konstantinpalastes konzipierte Basilika in Trier noch im 4. Jh. in eine christliche Kirche umgewandelt worden ist. Insbesondere im Westen, also in Italien, wurde die Basilika schon früh mit einem Querschiff vor der Apsis bzw. dem Chor kombiniert, sodass sich im Grundriss der Bauten die Form eines Kreuzes und damit eine unverkennbar christliche Symbolik ergab.

Neben den zahlreichen, heute zerstörten Basiliken in frühchristlichen »Kirchenstädten« haben sich, besonders in Rom (u. a. San Giovanni in Laterano, 4. Jh.; Santa Sabina, 5. Jh.) und Thessaloniki (Agios-Dimitrios- und Acheiropitosbasilika, beide 5. Jh.) viele frühe Bauten – wenn auch in vielfach restaurierter und veränderter Form – bis heute erhalten. Häufig waren sie ursprünglich Märtyrerkirchen, erhoben sich über dem Grab eines zum Heiligen erkorenen Märtyrers und lagen des-

---

3. Jh. n. Chr.
Christenverfolgungen im Römischen Reich erreichen unter »Soldatenkaisern«, insbesondere Diokletian, ihren Höhepunkt
312
Sieg Konstantins an der Milvischen Brücke, Übertritt Konstantins zum Christentum
325
Konzil von Nikaia, das Christentum wird zur Staatsreligion
330
Kontantinopel wird neue Hauptstadt des Römischen Reiches (»Nea Roma« = neues Rom)
361–363
Julian Apostata (»der Abtrünnige«) versucht eine Reinstitutionalisierung des Heidentums
379–395
Lebt Theodosius der Große, nach seinem Tod zerfällt das Reich in einen West- und einen Ostteil
391/92
Verbot heidnischer Gottesdienste, Schließung und Plünderung aller heidnischen Tempel und Heiligtümer, blutige Heidenpogrome
402
Weströmischer Hof zieht nach Ravenna
482–511
Entstehung des Frankenreiches unter der Regentschaft Chlodwigs

526
Tod Theoderichs in Ravenna
527–567
Regentschaft Justinians, Versuch einer Wiedervereinigung der Reichshälften scheitert, Konsolidierung des Byzantinischen Reiches
730
Beginn des Bildersturms (Ikonoklasmus) nach inneren Wirren um die Frage der Bilderverehrung im religiösen Zeremoniell, Wiederherstellung der Bilderverehrung und feierliches Ende des Bilderstreits im Jahr 843
9./10. Jh.
Byzantinisierung Bulgariens und Teile Russlands
1054
Endgültige Kirchentrennung zwischen Ost und West (Schisma)
1186
Abfall Bulgariens von Byzanz, Ende der byzantinischen Großmachtambitionen
1195
Byzanz wird dem deutschen Kaiser Heinrich VI. tributpflichtig
1204
Einnahme und Plünderung Konstantinopels im 4. Kreuzzug durch venezianische Truppen
1453
Mehmet II. erobert Konstantinopel, Ende des Byzantinischen Reiches

Die Kirche Agios Dimi-
trios in Thessaloniki ist
ein Prototyp der früh-
christlichen Basilika, wie
sie der Grundriss und
rekonstruierte Aufriss
der fünfschiffigen An-
lage mit Narthex, Apsis
und Querschiff zeigen.
Der Bau aus dem 5. Jh.
wurde mehrfach restau-
riert und ist zur Moschee
umgewandelt worden.
Die Restaurierungen des
20. Jh. orientierten sich
am ursprünglichen Bau-
gedanken.

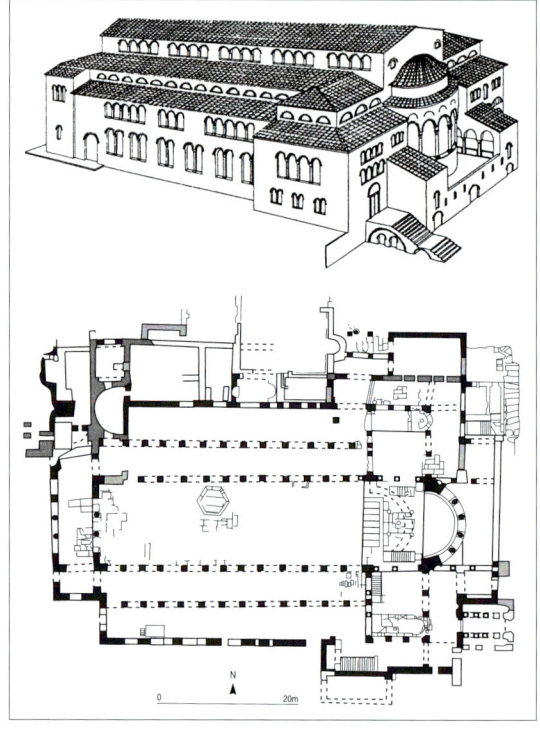

halb im Bereich der antiken Nekropolen, also außerhalb
der einstigen Zentren der antiken Städte (und wurden
auf diese Weise dennoch zugleich nicht selten zu Mit-
telpunkten christlich-nachantiker Neuansiedlungen).

Eine markante Wandlung im Kirchenbau vollzog sich
im späten 5. und im 6. Jh. durch die Entwicklung des
Zentralbaus. Darunter versteht man einen Grundrissty-
pus, der im Gegensatz zur lang-rechteckigen Basilika
annähernd gleich lange Hauptachsen aufweist und auf
diese Weise auf seinen eigenen Mittelpunkt zentriert
ist. Auch diese Bauform hat eine lange antik-römische
Geschichte. Berühmtester Zentralbau des antiken Rom
war das im 2. Jh. n. Chr. neu gebaute Pantheon, ein
Rundbau mit einer über 40 m durchmessenden Kuppel.

Ebenfalls meist Rundbauten waren die sehr zahlreichen spätantiken Mausoleen – Bauten für Bestattungen, die jedoch meist schon im 5. oder 6. Jh. in Kirchen umgewandelt wurden (z. B. die Georgsrotunde, einst das Mausoleum im Galeriuspalast von Thessaloniki). Aber auch quadratische, polygonale (Mausoleum im Diokletianspalast von Split) oder kreuzförmige Grundrisse können als Zentralbau ausgebildet werden. Der Zentralbau entwickelte sich aus dem Basilikatypus: entweder durch die Verschränkung zweier Basiliken zu einem gleichschenkligen, auf einen Mittelpunkt hin orientierten Kreuz (Ravenna, San Vitale; Konstantinopel, Apostelkirche) oder aber in der Kombination von Langhalle und Kuppelbau, wie etwa an der Istanbuler Hagia Sophia. Der Typus des Zentralbaus findet zunächst überwiegend in einräumiger Form, etwa bei Taufkirchen (Baptisterien), Verwendung (Konstantinopel, Hagia Eirene), ab dem 8. Jh. jedoch dann zunehmend auch für mehrräumige Haupt- und Gemeindekirchen. Der Bautyp wird in mittel- und spätbyzantinischer Zeit dann im Vergleich zur Basilika vorherrschend.

Ein kurioser, kunstgeschichtlich wegen seiner Verschmelzung lateinisch-westlicher und byzantinisch-östlicher Bauformen höchst bedeutender Zentralbau ist die Kirche Panhagia Paragoritissa in Arta (Westgriechenland). Der in seinem Äußeren an einen rustizierten venezianischen Palazzo erinnernde, im Grundriss nahezu exakt quadratische, um 1290 entstandene Bau besitzt eine hochstrebende, aus antiken Spoliensäulen konstruierte Mittelkuppel, die ein Pantokratormosaik ziert – eine einmalig-kühne Konstruktion, die durch verschiedene Dachlaternen überdies effektvoll beleuchtet wird. Weitere berühmte byzantinische Zentralbauten sind die Klosterkirchen von Daphni und Hosios Loukas in Griechenland. Regelrecht ausstellungshaft arrangierte Versammlungen verschiedenster Zentralbaulösungen (in meist kleinem Format) finden sich in den über 70 mittel- und spätbyzantinischen Kirchen

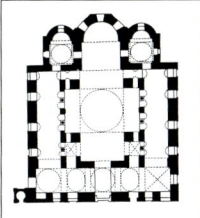

Die Kirche Hagia Sophia in Thessaloniki, im 8. Jh. erbaut, ist ein frühes Beispiel für einen mehrräumigen Zentralbau. Bei dem fast quadratischen, auf ein überkuppeltes Zentrum hin bezogenen Grundriss machen nur die drei Apsiden die kultisch-zeremonielle Ausrichtung des Gebäudes deutlich.

Der Blick in die aus Spoliensäulen konstruierte Kuppel zeigt auch das Pantokratormosaik der Kirche Panhagia Paragoritissa in Arta, Westgriechenland, aus dem späten 13. Jh.

und Kirchlein der Stadt Kastoria ebenso wie bei den Klöstern auf der Athos-Halbinsel (beides in Nordgriechenland). Der Typus des Zentralbaus wird darüber hinaus im byzantinisch-orthodoxen Einflussgebiet im Norden und Osten (Russland, Bulgarien, Serbien) zum Standard, bisweilen sogar – als unmittelbarer politischer bzw. religionspolitischer Reflex – im Westen (Venedig, Markusdom).

Die Hagia Sophia
Die Hagia Sophia, die Kirche der »Heiligen Weisheit« in Istanbul, gilt nicht nur als der Prototyp des frühchristlichen überkuppelten Zentralbaus und später dann als das Vorbild der an dieser Struktur des Kirchenbaus orientierten Kuppelmoschee, sondern sie ist darüber hinaus ein Bauwerk mit höchst ereignisreicher Architekturgeschichte. Eine frühe Kirche, wohl eine Basilika, entstand hier unter dem römischen Kaiser Constantius II. um 360 n. Chr. Nach einem Brand im Jahre 415 wiedererrichtet, wurde diese Basilika im Nika-Aufstand des Jahres 532 vollständig zerstört.

Kaiser Justinian (reg. 527–565) initiierte an der alten Stelle persönlich den Neubau einer Kirche, die nunmehr – als »Krönungskirche« der oströmisch-byzantinischen Kaiser gedacht – alles bisher Gesehene in den Schatten stellen sollte. Zwischen 532 und 537 entstand ein erster Bau – ein gewaltig dimensionierter Baukörper, der den Typus der lang gestreckten Basilika erstmals mit dem Konzept einer zentralen Kuppel verband. Überliefert sind die Namen der Architekten: Anthemios aus dem kleinasiatischen Tralles und Isidoros aus der ebenfalls kleinasiatischen Metropole Milet. Höhepunkt des Bauwerks war die kühn konstruierte Kuppel: Sie gründete sich auf vier massive, in den Fels des Baugrundes eingebettete Pfeiler und überspannte bei einer Scheitelhöhe von gut 56 m eine lichte Weite von etwas mehr als 30 m (was den Durchmesser der Kuppel des römischen Pantheon jedoch immer noch deutlich, nämlich um fast 14 m, unterschritt).

Der mit zeitgemäß anikonischem Mosaikschmuck dekorierte Bau wurde am 27. Dezember 537 im Beisein des Kaisers Justinian und der Kaiserin Theodora in einem prunkvollen Zeremoniell geweiht. Ihm war jedoch kein glückliches Schicksal beschieden. Im Sommer des Jahres 558 stürzte die Kuppel ein, was vermutlich nicht, wie häufig angenommen wurde, an latenten Schäden lag, die der Bau bei einem schwachen Erdbeben des Jahres 557 genommen hatte. Vielmehr zeigt sich hier ein Phänomen bzw. eine Folge antiker wie auch mittelalterlicher Bautechnik. Statische Berechnungen, wie sie uns heute selbstverständlich erscheinen, waren weithin unbekannt. Technisch-konstruktive Grenzen wurden mit einem Trial-and-Error-Verfahren ausgelotet. In diesem Sinne erklären sich etwa auch die sehr zahlreichen Einstürze gotischer Kathedralen. Nicht kalkulierte Berechnung, sondern allein praktischer Erfolg bestimmte, welches Gebäude »überlebte« und welches im Misserfolg, also im Einsturz, endete – Letzteres ein Ereignis, das sehr viel häufiger war, als heute allgemein angenommen wird, das jedoch

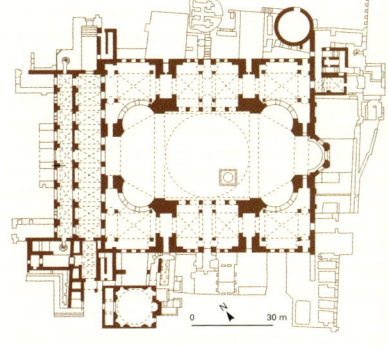

Der Grundriss der Hagia Sophia in Istanbul zeigt den gesamten, nach dem Kuppeleinsturz des Jahres 558 umgebauten und renovierten Komplex (558–563).

> **Der Bilderstreit**
> Der anikonische Mosaikschmuck der Hagia Sophia aus dem
> 6. Jh. n. Chr. deutet bereits auf den Bilderstreit hin, der mit dem
> im Jahr 730 erfolgten Bildersturm voll entbrannte. Bereits seit
> dem 4. Jh. n. Chr. wurde die Frage der Bilderverehrung von Kir-
> chenvätern unterschiedlich und mit zunehmender Dogmatik
> beurteilt: Dafür traten u. a. Gregor von Nazianz und Johannes
> Chrysostomos ein, dagegen insbesondere Eusebios von Cae-
> sarea und Epiphanios von Salamis. Je nach lokaler Sichtweise
> wurden im 5.–7. Jh. Kirchen bildlich oder ornamental-aniko-
> nisch ausgeschmückt.

nur bei spektakulären Vorfällen wie eben beim Einsturz
der Hagia Sophia Aufmerksamkeit erregte.

Einsturzursache war vermutlich die im Querschnitt
viel zu flach angelegte tellerförmige Kuppel. Darauf
deutet jedenfalls der Neubau hin, der unter Isidoros
dem Jüngeren, vermutlich dem Sohn des ersten Architekten Isidoros, zwischen 558 und 563 errichtet wurde. Die Kuppel mit einem Durchmesser von nun 33 m
weicht in der Aufsicht markant von der Kreisform ab
und zeigt ein um 7 m erhöhtes Profil über einer zusätz-
lich verstärkten Tragkonstruktion. Zwei Halbkuppeln
stützen das Ganze in der Längsachse und verleihen der
Konstruktion zusätzliche Stabilität. Weder von innen
noch von außen sind diese Merkwürdigkeiten und Un-

Neben der Konstruk-
tion der Kuppel war
die aufsehenerregende,
statisch ebenfalls nicht
unproblematische
Durchfensterung der
Hagia Sophia eine ar-
chitektonische Meister-
leistung. Der Innenraum
präsentierte sich licht-
durchflutet.

regelmäßigkeiten optisch erfahrbar. Was blieb, war ein insgesamt äußerst harmonisch geformtes Bauwerk. Der feierliche Neueinweihungsakt, wiederum im Beisein des Hofstaates, war Anlass für den Dichter Paulos Silentiarios, eine Lobeshymne auf Justinian, seine Regentschaft und den prachtvoll geratenen neuen Kirchenbau zu verfassen – ein heute bedeutendes Dokument, das die ursprüngliche, durch zahllose Umbauten verlorene Innendekoration der Hagia Sophia in vielen Details beschreibt.

Am 29. Mai 1453, nach der Eroberung der Stadt Konstantinopel durch den Osmanen Mehmet II., wurde die Hagia Sophia zur Zentralmoschee der Stadt umgewidmet und etwas später dann um die heute so markanten vier Minarette ergänzt.

Byzantinischer Wehr- und Siedlungsbau

Von der Metropole Byzanz, dem heutigen Istanbul, sind jenseits der in Moscheen verwandelten Kirchen nur wenige authentische Baureste erhalten. Dies hat auch ereignisgeschichtliche Gründe, denn der vor Reichtum strotzende Ort, im Mittelalter die vielleicht größte und wohlhabendste Stadt der Welt, wurde unter Führung von venezianischen Truppen während des 4. Kreuzzugs im Jahr 1204 belagert, erobert und dann in brutalster Weise in einer mehrtägigen Orgie marodierender Söldner geplündert und niedergebrannt.

Byzantinischer Siedlungsbau, allem voran derjenige der Hauptstadt des Reiches, bildete in gewisser Hinsicht eine Fortsetzung antik-römischer Architekturphänomene – pragmatische und technische Aspekte standen gegenüber einer »baukünstlerischen« Dimension im Vordergrund. Ein wahres Wunderwerk des Militärbaus war die Stadtmauer von Byzanz bzw. Konstantinopel: eine Kette von zurückgezogenen Verteidigungstürmen, der eine massive Mauer mit risalitförmigen kleinen Bastionen sowie ein breiter Wassergraben vorgelagert war. Sogar die Häfen der Stadt waren mit massiven Ketten abzuriegeln, die gegen unliebsamen Besuch von der Seeseite schützten. Aufwendige Wasserleitungen und Brunnensysteme, die die gesamte Stadt überzogen, bezeugten eine unmittelbare Fortsetzung technischer Errungenschaften des Imperium Romanum ebenso wie bauliche Prunkentfaltung durch plastisch verzierte Bauglieder wie Kapitelle und Säulenbasen oder marmorverkleidete Wände, aber auch mannigfache Ornamentierungen der Außenmauern.

Einen guten Eindruck geschlossener byzantinischer Siedlungsarchitektur bieten die Ruinen von Mistra nahe Sparta in Griechenland. Ab dem frühen 14. Jh. war Mistra das byzantinische Zentrum der Peloponnes, gewissermaßen Hauptstadt, fürstliche Residenz und Klosteranlage in einem. Berühmt war vor allem die hier ansässige Seidenindustrie. Das weitläufige, an einem Hang in gut zu verteidigender Position gelegene Stadtgebiet war von zahlreichen, sich emporschlängelnden engen, häusergesäumten Gassen durchzogen und wurde von einer massiv ummauerten, von fränkischen Desperados im 13. Jh. gegründeten, von den Byzantinern dann übernommenen Burg überragt. Im 15. Jh. von Osmanen, später verschiedentlich von westlich-lateinischen Truppen erobert, fiel Mistra im griechischen Befreiungskampf zu Beginn des 19. Jh. endgültig in Ruinen. Gut erhalten haben sich auch hier allein die Kirchen und Klöster mit ihrem museal- denk-

Die Rekonstruktion zeigt den Despotenpalast von Mistra, Griechenland. Der Thronsaalflügel hatte eine Loggia im Untergeschoss.

Der Thronsaalflügel des Despotenpalastes, Rekonstruktion nach Orlandos

---

Byzantinische Architektur
Die traditionelle Kunst- und Architekturgeschichte versteht unter byzantinischer Architektur fast ausschließlich den Kirchenbau. Diese Verengung der Perspektive ist fachhistorisch bedingt: Allein den Kirchen konnten als Bauten wie auch als Trägern von Mosaiken oder Fresken künstlerische Bedeutung zugemessen werden. Der architektonische »Rest« der byzantinischen Kultur war in den Augen humanistisch gesonnener Archäologen und Kunsthistoriker kaum mehr als ein massiver »Störfaktor«, der vor allem die antiken Orte vermeintlich plan- und regellos überbaut hatte. Bis in die 1960er-Jahre war es daher bei Ausgrabungen üblich, das Byzantinische mehr oder weniger nicht dokumentiert abzubrechen.

---

malhaften Charakter, kaum jedoch die Elemente der Wohn- und Befestigungsarchitektur. Eine Ausnahme ist der auf halber Anhöhe gelegene Palast, dessen Architektur sich nahezu vollständig rekonstruieren lässt und der heute als bestbekannter Vertreter byzantinischer Palastarchitektur gilt.

Ein insbesondere in Griechenland weithin sichtbares Kennzeichen byzantinischer Präsenz ist die meist im Frühmittelalter begründete und erbaute Burg, errichtet über antiken Ruinen. Viele Städte, insbesondere in West- und Mittelgriechenland, waren in den unruhigen Zeiten des 3. und 2. Jh. v. Chr. auf gut zu verteidigenden Anhöhen und Bergkuppen neu gegründet oder hierher verlagert worden. Kastelle und Burgen der Byzantiner nutzten diese Lagen ebenfalls und profitierten dabei von der antiken Bausubstanz. Wie Zahnkronen erhoben sich im 8., 9. oder 10. Jh. festungsartige Kastelle auf den antiken Ruinen – baulich wie aufeinandergeschmiegt, durch die sehr unterschiedlichen Mauertechniken jedoch auch für das ungeübte Auge immer klar voneinander zu unterscheiden: Die Basis bildet ein stabiles, antik-griechisches Mauerwerk aus massiven, isodom oder polygonal gefügten Steinquadern. Darauf erhebt sich – in schlichter, aber schnell zu erbauender Bruchsteintechnik – die byzantinische Struktur.

Frühchristliche Kirchenstädte auf dem Balkan

Die nicht selten ideologisch-dogmatisch geprägte Frage nach einem Epochenwandel in frühchristlicher Zeit, die eine in diesem Zusammenhang vollzogene Abkehr von der heidnischen Antike und eine Hinwendung zu den abendländisch-christlichen Werten insinuiert, ist mehr als kompliziert und bedarf einer differenzierten Antwort. Trotz verschiedener Rückschläge, etwa durch das Neoheidentum des Julian Apostata (reg. 361–363), setzte sich unter Konstantin (reg. 324–337) das Christentum allmählich gegen die Götterwelt der Antike durch. Radikale Christen wie etwa Theodosius (reg. 379–395) und auch Justinian (reg. 527–565) waren letztlich die Garanten dafür, dass am Ende des 5. Jh. der geistig-religiöse, aber auch fundamentale gesellschaftliche und ökonomische Wandel unumkehrbar wurde. Aus Sicht der Historiker ist hier also ein Prozess zu konstatieren, weniger ein abrupter Bruch und damit auch kein Epochenwechsel im eigentlichen Sinn. Ein Blick auf die frühchristlichen Baudenkmäler relativiert diese Ansicht indessen nicht unerheblich. Zwar ist es mannigfach belegt, dass Antike und Christentum, etwa durch die recht häufige Umwandlung von Tempeln in Kirchen, kontinuierlich miteinander verwuchsen. Und dennoch gehört das eigentliche frühe Christentum mit seinen Baudenkmälern vielfach der Antike an, jedenfalls insofern, als zahlreiche einstmals prunkvolle Komplexe, insbesondere auf griechischem Boden, zwischen dem 5. und 8. Jh. in Ruinen gefallen sind, nicht überdauert haben. Sie sind in diesem physischen – damit aber auch in einem musealen – Sinne den heidnischen Heiligtümern wie Delphi oder Olympia gleichrangig und haben nichts mit dem heutigen, lebendigen Christentum zu tun. Die Relikte sind von kunsthistorischer, nicht sakralgeschichtlicher Bedeutung, die Orte von historischem, nicht aber gegenwärtigem Belang.

Das von Augustus 27 v. Chr. nach seinem Seesieg von Actium (Aktion) in Nordwestgriechenland nahe dem Ort seines Triumphes gegründete Nikopolis (»Siegesstadt«) entwickelte sich im 6. Jh., in der Ära des oströmischen Kaisers Justinian, zu einem bedeutenden christlichen Zentrum. Zahlreiche prunkvoll mit Marmorverkleidungen und Mosaiken ausgestattete Basiliken, denen Bischofspaläste und verschiedene Baptisterien beigegliedert waren, erhoben sich in dem gegenüber der alten Siedlungsfläche radikal verkleinerten, von einer neuen Mauer umschlossenen Stadtgebiet. Fast wie ein Kloster, nicht wie eine vitale Siedlung wirkte dieses knapp 400 x 400 m bemessene Gelände – eine regelrechte Kirchenstadt, in der sich christlich-sakrale Anlagen wie in einem Labyrinth miteinander verbanden. Im Zug der Völkerwanderungswirren im Frühmittelalter verfiel der Ort. Das neue, nunmehr byzantinisch-kirchliche Zentrum der Region wurde das in der Nähe gelegene Arta, das antike Ambrakia, mit seinen berühmten, noch heute viel besuchten Kirchenbauten.

Ganz ähnlich ist der Befund in den nordgriechischen Städten Amphipolis und Philippi: Auch sie wandelten sich in der Spätantike von einstmals ansehnlichen Siedlungen zu palastartigen Kirchenstädten mit kleinodienhaften Kirchenbauten im Zentrum, die dann im späten 7. Jh. in Ruinen fielen. In Amphipolis erhoben sich seit dem 5. Jh. fünf dicht beieinander erbaute, ja zum Teil miteinander baulich verbundene Basiliken von erheblichen Ausmaßen. Die Kirchenbauten waren mit Mosaiken, Reliefs und marmornen Wandverkleidungen reich dekoriert. Philippi, als Ort des Christentums bekannt durch den Besuch des Apostels Paulus im Jahre 49 n. Chr., besaß weitläufige Basilikabauten, die um 500 entstanden und zum Teil mit einem riesigen Bischofspalast verbunden waren – weltlicher Prunk in christlich-kirchlichem Kontext. Die Ruinen der Basilika B vermitteln noch heute eine Vorstellung von der Größe und dem Schmuckreichtum solcher spätantiken Kirchenbauten. Zahlreiche weitere, im 7. bzw. 8. Jh. zerstörte spätantike christliche Kirchenstädte sind auf der südlichen Balkanhalbinsel bekannt.

Erwähnt seien Nea Anchialos, das in der Spätantike an neuem Ort wiederaufgebaute »phtiotische« Theben am Golf von Volos in Mittelgriechenland und die spätantike Siedlung nahe Stobi im heutigen Mazedonien – Städte mit vielen Basiliken, Baptisterien und Bischofspalästen, aber ohne eine bis heute durchgängige Siedlungstradition.

Die Ruine der Basilika B in der antiken Stadt Philippi stammt aus dem 6. Jh. Vom einstigen Glanz der Säulenarkaden aus farbigem Marmor mit ihren reich ziselierten Kapitellen im Innern der Kirche kann man sich heute noch vor Ort eine gute Vorstellung machen.

Die Moschee

Als drittes kulturelles Subsystem entstand, neben dem lateinisch-päpstlichen Westen und dem byzantinisch-orthodoxen Osten in der Nachfolge der klassischen Antike im frühen 7. Jh. der Islam – eine monotheistische Religion mit einem Religionsstifter (Mohammed), die zunächst im Wesentlichen auf die arabische Halbinsel (Mekka, Medina) beschränkt blieb, seit dem 8. Jh. dann jedoch stark expandierte. Hinsichtlich der Architektur der islamischen Kultur dominierte, wie auch in den beiden frühchristlichen Einflusssphären, zunächst der Sakralbau – hier in Gestalt der Moschee.

Die Kultbedürfnisse des Islam waren zunächst recht einfach, die Moscheen sahen deshalb sehr unterschiedlich aus, ebenso ihre Nutzung: Sie dienten auch profan-gesellschaftlichen Versammlungen. Gemeinsam war allen Bauten ein Gebetsraum, der in seiner Längs-

622
Mohammeds Flucht aus Mekka nach Medina (Hidschra), Beginn der islamischen Zeitrechnung
632
Tod Mohammeds, seine Nachfolger (Khalifen) begründen das arabische Weltreich
bis 650
Eroberung von Syrien, Palästina, Ägypten, Nordafrika und Persien
661–750
Kalifat der Omajjaden, Damaskus wird Residenz
711
Arabische Eroberung Spaniens
750–1258
Kalifat der Abbasiden, Bagdad wird Residenz
756
Unter dem abtrünnigen Omajjaden Abd al-Rahman entsteht in Spanien ein Separatreich, seit 929 das »Kalifat von Cordoba« genannt (Alhambra)
1077
Eroberung Jerusalems durch den Seldschuken Melikschah. Beginn der kriegerischen Konflikte zwischen dem Islam und dem lateinisch-christlichen Westen (Kreuzzüge)
um 1200
Eroberung Indiens durch die Muslime
13. Jh.
Zunehmender Einfluss der Seldschuken und anderer Turkvölker auf den Islam; kulturelle und wirtschaftliche Kontakte zwischen Mongolen, Muslimen und den Kulturen des Fernen Ostens (»Seidenstraße«)

achse nach Mekka hin orientiert war. Gegenüber dem
Eingang befand sich, exakt auf Mekka hin ausgerichtet, die apsidenförmige Gebetsnische (Mihrab). Rechts
daneben erhob sich die Kanzel (Minbar, Mirbar), unverzichtbar war ferner ein zunächst eher klobiges, später
dann zunehmend schlankes, lanzenförmiges Minarett,
von dem aus der Muezzin zum Gebet rief. In ihrem baulichen Grundmuster ähnelt die Moschee den frühchristlichen Kirchen: Immer findet sich in axialer Ausrichtung ein Hauptgebäude, dem ein umsäumter Hof
mit prachtvollem Zugangsportal vorgelagert ist. Innerhalb dieses gemeinsamen Konzepts gibt es jedoch bedeutende regionale Unterschiede. In den arabisch-
nordafrikanischen Ländern, später auch in den von
hier aus eroberten europäischen Regionen, dominiert
ein flach gedeckter, fast basilikal-mehrschiffig gestalteter Gebetsraum mit lang-rechteckigem Hof davor. In
zentralasiatischen Moscheen, aber auch bei denen des
indischen Subkontinents wird der Hof zum Mittelpunkt
der Anlage, der Gebetsraum demgegenüber zu einem
größenmäßig stark reduzierten Annex. Hier finden sich
überwiegend quadratische oder sogar quer-rechtecki-
ge Grundrisskonzepte. Im Grundriss ähnlich konzipiert,
jedoch mit sehr viel größerem Gebetsraum, treten die
Moscheen Westafrikas und der Sahelzone in Erscheinung. Hier wie in Zentralasien dominiert jenseits des
eigentlichen Baukonzepts ein hinsichtlich der Detailformen, der Ornamentik und der Baumaterialien erkennbar regionaler Gestaltungsstil. Insbesondere die
Pavillon- und Stufendachmoscheen Chinas und Süd-
ostasiens fügen sich harmonisch in die Architektur lo-
kal üblicher Kult- und Sakralanlagen des Buddhismus
ein (und sind des Öfteren als Moschee nur noch an
dem beigegebenen Minarett erkennbar).

Die große Kuppelanlage, die heute jedem Türkeibe-
sucher als bauliche Norm für den Typus Moschee vor
Augen steht, ist gegenüber den geschilderten Konzepten jüngeren Datums und in ihrer Strukturen in beson-

Das Spiralminarett der
Moschee von Samarra,
Irak, Mitte 9. Jh., war
optisch ein herausra-
gender Teil der damals
größten Moschee der
islamischen Welt. Über
100 000 Gläubige fan-
den hier Platz. Der Turm
erhebt sich 55 m über
der Ebene und unter-
scheidet sich markant
von den schlanken, na-
delförmigen Minaretten
späterer Zeit.

derem Maße dem Grundmuster der byzantinischen Kirche verwandt. Der Typus beschränkt sich weitestgehend auf Kleinasien und Anatolien, ist dabei vermutlich von der im 15. Jh. zur Moschee umgewandelten und dann baulich erheblich erweiterten Hagia Sophia in Istanbul inspiriert. Klassisches Beispiel ist die Blaue Moschee in Istanbul mit ihrem Meer von Kuppeln und den sechs weithin sichtbaren schlanken Minaretten. Die Architektur aus dem frühen 17. Jh. kombiniert einen fast quadratischen, überkuppelten Zentralbau mit einem ebenfalls quadratischen, in den Grundrissdimensionen dem Geviert des Zentralbaus nahezu identischen Arkadenhof. Die weite, raumüberspannende Kuppel ist indessen im Moscheenbau bereits früh gegenwärtig und verbindet die islamische Architektur gleichermaßen wie die Baukunst des Juden- und Christentums mit der römischen Antike (im stadtrömischen Pantheon hat im 2. Jh. n. Chr. das Prinzip des Kuppelbaus ebenso wie die damit verbundene Symbolik einer kosmisch-allumfassenden Himmelsmetaphorik ihren Anfang genommen). Ältester überkuppelter Zentralbau des Islam ist der Felsendom in Jerusalem aus dem späten 7. Jh.

Moscheen waren reich in farbigem Dekor gefasst – innen wie außen. Die Farbenpracht des Felsendoms mit seiner gold glänzenden Kuppel und dem weißblauen Unterbau, der kleinteilig in verschiedensten Techni-

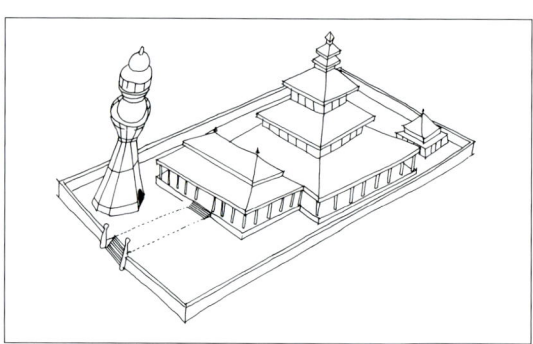

Die Skizze des Baukonzepts zeigt eine südostasiatische Moschee. Das Stufendach des zentralen Baukörpers erinnert an eine Pagode. Allein der etwas isoliert stehende Turm (Minarett) macht die Funktion des Baukörpers als Moschee ersichtlich.

Die Blaue Moschee in Istanbul wurde von Sedefkar Mehmet Aga im Auftrag des Sultans Ahmet um 1610 erbaut. Ihren Namen erhielt sie wegen der blau gefärbten Schablonenmalerei und den ebenfalls blauen Kalligrafien im Innern.

ken ausgeführten Ornamentierung ist keineswegs exeptionell. Insbesondere im Inneren erweist sich das, was dem »Ungläubigen« häufig als besonders gelungenes Ornament erscheint, indessen als sehr viel mehr: Kalligrafisch gemalte Koran-Suren können Teile des Bau-Inneren derart massiv und bildnerisch überziehen, dass dem Schriftunkundigen das Ganze als raffinierter Dekor, nicht aber als im Ritus verwendeter Kulttext erscheint.

Auch in der Gegenwart ist der Neubau von Moscheen eine vitale Architekturaufgabe in praktisch allen islamischen Nationen. Zahlreiche spektakuläre Moscheen sind im 20. Jh. entstanden, darunter nur wenige, wie etwa die 1982 fertiggestellte Bhong-Moschee in der pakistanischen Provinz Punjab, in geschmäcklerisch-historisierendem Stil. Der Prototyp der modernen Moschee gelang dem Iran ausgerechnet in der religiös konservativsten, schiitisch-fundamentalistischsten Phase seiner Geschichte: Die 1980 erbaute al-Ghadir-Moschee in Teheran gilt heute als das wichtigste Monument moderner islamischer Architektur.

Sinan – Hofarchitekt Süleymans des Prächtigen

Der vermutlich im Jahr 1497 in Kappadokien gebürtige, als nicht türkischer Christ 1512 gewaltsam in den Janitscharendienst gezwungene und islamisierte Sinan machte im Elitekorps Sultan Süleymans des Prächtigen eine ungewöhnlich steile Karriere, die ihn zum prominentesten Architekten der islamischen Architekturgeschichte werden lassen sollte. Als Zimmermann ausgebildet, war Sinan seit 1520 bei den Feldzügen des Sultans als Ingenieur und Architekt tätig. Seine genial-einfachen, blitzschnell realisierbaren militärischen Bauten für Belagerung und Verteidigung, vor allem aber sein Erfindungsreichtum bei der Konstruktion neuer Geräte und Werkzeuge hoben ihn aus der anonymen Masse islamischer Architekten und Ingenieure alsbald heraus. Noch während seiner Militärzeit erhielt Sinan im Jahr 1530 erste Aufträge für Sakralarchitekturen. 1538 aus dem Dienst entlassen, wirkte er bis zu seinem Tod 1588 als Verantwortlicher für öffentliches und religiöses Bauwesen am Hofe des Sultans in Konstantinopel, des heutigen Istanbul.

Ein nach seinem Tod von fremder Hand verfasster, in einigen Zügen märchenhaft ausgeschmückter Bericht über die Taten des Sinan listet 477 Bauten auf, die unter seiner Leitung entstanden sein sollen: darunter 157 Moscheen, 74 Medresen (Koranschulen), 56 Badehäuser, 45 prunkvolle Grabbauten, 38 Paläste, 31 Karawansereien, ferner Hospitäler, Bibliotheken, Brücken und diverse Infrastrukturbauten, darunter die Neustrukturierung der Wasserversorung für Konstantinopel. Architekturgeschichtlich wird Sinan jedoch in erster Linie mit einer umfassenden Modernisierung

Der Felsendom in Jerusalem ist Schnittpunkt der Kulturen und eines der frühesten Monumente des Islam. Das reich dekorierte, überkuppelte Oktogon entstand unter Kalif Abd al-Malik um 690.

des Moscheenbaus verbunden. Ziel war hier eine Opti-
mierung der Bauästhetik, ein Übertreffen alles bisher
Dagewesenen. Sinans Hauptaugenmerk galt der Kup-
pelarchitektur und damit dem Konzept der Kuppelmoschee, wie es im 14. Jh. im Osmanischen Reich verbindlich geworden war. So war die gewaltige Kuppel
der Hagia Sophia in Istanbul, ein Bau aus dem 7. Jh.,
für Sinan zwar immer Vergleichs- und Anknüpfungspunkt, aber niemals ging es darum, diesen Bau, diese
Kuppel allein an Größe zu übertreffen, sondern vielmehr darum, optimale Resultate ständig zu variieren.
Als optimal wurden hier ideale, akribisch berechnete
Proportionen, ästhetisch befriedigende Arrangements
verschieden dimensionierter Kuppelräume um ein
Zentrum herum und auch die harmonische Verbindung
von Außen- und Innenansichten verstanden. Eben dieses Verständnis von einem Optimum ist auch der
Grund für die große Zahl einander auf den ersten Blick
zum Verwechseln ähnlicher, niemals aber wirklich
identischer Moscheenbauten, die Sinan errichten ließ.
  Von den 477 literarisch überlieferten Sinanbauten
sind die meisten nicht mehr erhalten. Sinan selbst hat
in den 1580er-Jahren rückblickend drei seiner Werke
als besonders bedeutend herausgehoben. Als sein
»Lehrstück« bezeichnete er die 1542–48 in Istanbul
errichtete Prinzenmoschee, ein hoher, von zwei Minaretten flankierter Zentralbau mit einem den Kern umgebenden Meer von kleinen Kuppelräumen, das das
spätere Konzept der Blauen Moschee bis in Details
vorwegnahm. Als »Gesellenstück« galt ihm die ebenfalls in Konstantinopel erbaute, von Sultan Süleyman
gestiftete Moschee (Süleymaniye, 1550–57) mit ihrem
gewaltigen, an der Hagia Sophia orientierten zentralen
Kuppelraum; als besonders wichtig galt hier der räum-
liche Eindruck im Inneren. Zum wirklichen Meisterwerk geriet ihm schließlich die zwischen 1568 und
1574 in Edirne erbaute, reich ornamentierte Moschee
für Sultan Selim II.

Der große, hell durch-
fensterte Kuppelraum
der Süleyman-Moschee
in Istanbul konkurriert
mit dem Zentralraum
der Hagia Sophia.

Die Alhambra und das Taj Mahal

Die Expansion des Islam, die Entwicklung von einer
arabischen Regionalkultur hin zu einer Weltkultur, vollzog sich unter der in Damaskus ansässigen Omajja-
den-Dynastie (661–750). Wie ein Lauffeuer verbreiteten sich arabische Religion und Lebensart zunächst in
Nordafrika; von dort aus kam es – auf Sizilien und auf
der Iberischen Halbinsel – zu Eroberungsversuchen
sogar des zentraleuropäischen Kontinents. Was auf
Sizilien ein kurzes Intermezzo blieb, wurde in Spanien
vollendet: 711 n. Chr. begann, über die Meerenge von
Gibraltar, der »Sarazenensturm« der Iberischen Halbinsel. Für die folgenden 800 Jahre wurden weite Teile
Südspaniens zu einer Bastion des Islam. Erst 1492 war
die *reconquista*, die Rückeroberung dieses wichtigen
Teils des europäischen Festlandes durch christliche
Heere, endgültig erfolgreich.

Mit dieser Expansion ging eine erhebliche Verbreite-
rung des islamischen Architekturkanons einher. Galt
zunächst dem Moscheenbau das herausragende Interesse, entwickelte sich unter den Omajjaden ein wei-
tes Spektrum nicht nur sakraler, sondern auch profa-
ner Architektur: Medresen, Residenzen und Paläste,
öffentliche Bauten wie Badehäuser, Infrastrukturbauten wie Straßen, Brücken oder Brunnenanlagen. Cha-
rakteristisch, ja sprichwörtlich wurde der orientalische
Prunk und Luxus: Insbesondere herrscherliche Bauten
waren mit farbenprächtigen, teils reliefierten, teils applizierten Ornamenten überzogen, im Inneren mit
hochwertigsten Materialien nicht minder opulent verziert und mit kostbarstem Interieur ausgestattet.

Prototyp der islamischen Palastarchitektur ist die Alhambra bei Granada in Spanien. Der riesige Komplex,
fast eine kleine, wehrhaft ummauerte Stadt und eigentlich weitaus mehr als nur ein singulärer Palastbau,
entstand zwischen 1238 und 1358 auf einer niedrigen,
aber gut zu verteidigenden Anhöhe. Kern der Anlage
war eine aufgelassene Burg des 11. Jh. In der Alhambra

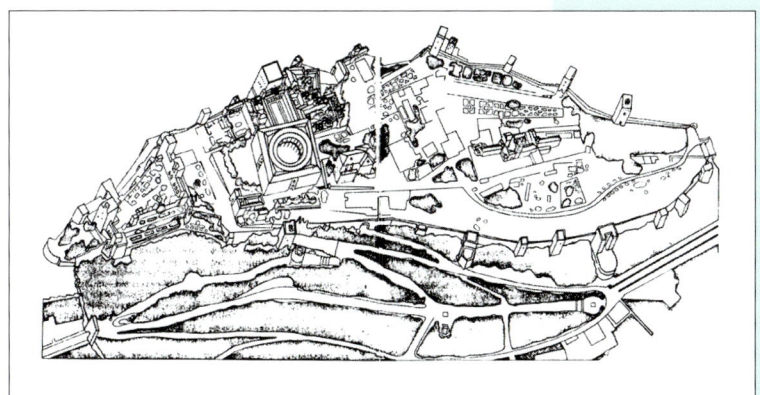

residierten die Nasriden-Herrscher; von herausragender Pracht und Bedeutung war die Herrschaft von Yussuf I. (1333–54).

Von der Struktur her erinnert die Alhambra an eine zum Schloss erweiterte mittelalterliche Burg: Eine zinnenbewehrte, meterdicke Mauer umschließt den gesamten Komplex, der sich im Inneren, entlang der Längsachse, in verschiedene Palastteile untergliedert. Hinter dem Eingang wird der Besucher zunächst durch zwei gartenartige Höfe geleitet, ehe er auf einen ersten, quer gelagerten Bautrakt (für das Personal) stößt. Passiert er den engen Durchgang, erstreckt sich dahinter, ebenfalls quer gelagert, ein weiterer großer Hof mit einem Wasserbecken im Zentrum und einem massiven Turmbau (»Saal der Gesandten«) an der Schmalseite. Daran schließt sich der eigentliche, nur über verschlungene Wege zugängliche Residenzbereich an: ein fast quadratischer, um einen Hof herum gruppierter Peristylkomplex mit Repräsentationssälen und Wohntrakten. Was die Alhambra von anderen spätmittelalterlichen Schloss- und Burganlagen europäischer Kulturen unterscheidet, ist ihr außergewöhnlicher Luxus, die Pracht ihrer Baulichkeiten. In einem eigentlich regenarmen Gebiet gelegen, ist dennoch das gesamte überbaute Areal mit wasserreichen Gartenanlagen

Der Grundriss zeigt die Schloss- und Parkanlage Alhambra bei Granada.

Das Taj Mahal in der Nähe von Agras, Indien, wurde 1630–1653 errichtet. Der Bau, dessen Architekt nicht überliefert ist, bildet stilistisch eine Mischung aus indischer Mogularchitektur, timuridischen Mausoleen und persischsafawidischen Dekorationselementen.

durchsetzt. Die schlanken Säulengänge sind mit Spitzbögen und Stukkaturen überreich dekoriert. Den zentralen Hof des Palastes schmückt ein kunstvoll skulptierter Brunnen, dessen Wasserbecken sich auf den Rücken von 16 Löwen erhebt.

Wie die Alhambra im Westen, so ist das Taj Mahal die architektonische Ikone des Islam im Osten – ein architektonisches Wunder, fast wie einem Märchen aus »Tausendundeiner Nacht« entsprungen. Im Zug der islamischen Ost-Expansion verschmolzen im 11. und 12. Jh. in Nordindien islamische Religionselemente mit der dort residierenden Moguldynastie. Unter Schah Dschahan (reg. 1628–58) entstand, als gewaltige Grabanlage und in diesem Sinne auch als Monument seiner Herrschaft und der ökonomischen Potenz seiner Dynastie, das Taj Mahal – am Südufer der Dschumma nahe der Stadt Agra gelegen. In der weiten Ebene erhebt sich der weiß strahlende Zentralbau in unvergleichlicher Pracht als einmaliges Zeugnis homogener islamischer Architektur. Der Baukörper wird von einer quadratischen, sockelartigen Umfriedung konturiert, an deren vier Ecken schlanke Minarette postiert sind. Der mit einer zwiebelförmigen, nur von außen sichtbaren, im Inneren hingegen verblendeten Kuppel gekrönte Zentralbau ist von erneut vier oktogonalen

Türmchen umgeben. Die Kuppel misst im Durchmesser 28 m, in der Stichhöhe 65 m. Auf jeder der vier Seiten öffnet sich ein ca. 20 m tiefer Langraum mit einer reich geschmückten Fassade. Im Inneren dominiert der Grabsaal, der für Pilger zugänglich war. Geschickt werden hier durch bauliches Arrangement die Menschenmassen kanalisiert und in einer Art Prozession am Monument des Grabinhabers vorbeigeführt.

Der Bau selbst ist nur ein kleiner Teil der parkähnlichen Gesamtanlage. Ein lang-rechteckiges Terrain ist von einer Mauer umzogen. Ein monumentales Eingangstor, dessen rötlicher Sandstein markant mit dem weißen Marmor des Mausoleums kontrastiert, gewährt Zugang zu einer fast in der Art eines Kreuzgangs gestalteten Parkanlage. Zwei sich kreuzende, streng axial angelegte Wasserkanäle durchziehen diesen Garten und führen auf das Mausoleum hin. Lediglich das hintere Viertel des Areals ist mit dem Mausoleum selbst sowie zwei kleineren seitlichen Annexbauten (Moschee und Ruhehaus) architektonisch gefasst. Das Taj Mahal war ursprünglich als Begräbnisstätte für die Frau des Herrschers vorgesehen. Schah Dschahan plante für sich selbst ein bauliches Pendant ganz in der Nähe, allerdings aus schwarzem Stein. Der 1658 von seinem Sohn gestürzte Schah konnte dies indessen nicht mehr realisieren. Er wurde nach seinem Tode 1666 hier, im Taj Mahal, neben seiner Lieblingsfrau bestattet.

Bauten der Azteken und Inka

Es ist schwer möglich, die zahlreichen, sehr diversifizierten altamerikanischen Hochkulturen, die sich vom mittleren Südamerika bis ins nördliche Mexiko erstreckten und seit etwa 2500 v. Chr. das kulturelle Antlitz des Kontinents prägten, in einem Atemzug gemeinsam zu behandeln. Die einzige wirkliche Gemeinsamkeit ist der dramatische Untergang all dieser Kulturen im Zug der europäischen Eroberung im 16. Jh. Maya, Azteken und Inka sind nach heutigem populärem Verständnis die nahezu alleinigen Träger der altamerikanischen Kultur. Tatsächlich sind sie aber nur ein kleiner, wenn auch insgesamt wichtiger Teil einer sehr komplexen ethnischen Konstellation in diesem Gebiet. Dabei sind die Kulturen der Azteken und Inka sehr jungen Datums: Die Azteken waren ein Nomadenvolk, das um 1300 nach Mexiko einwanderte und dort sesshaft wurde, während das Inkareich in der Bergwelt der Anden, im heutigen Peru gelegen, um das Jahr 1200 entstand. Allein die Mayakultur, in Mittelamerika über die Gebie-

---

19 000–7000 v. Chr.
Paläoindianische Periode in Mittelamerika, Prä-Keramikum I–III in Südamerika / Anden

ab ca. 4200 v. Chr.
Erster Ackerbau im zentralen Andengebiet

um 3500 v. Chr.
Kultivierung des Mais als Nahrungsgrundlage; dauerhafte Siedlungen, gebrannte Keramik in fast allen altamerikanischen Kulturen

3. Jt. v. Chr.
Erste sesshafte Kulturen mit Kenntnis der Metallverhüttung und Keramikherstellung in Nordamerika

1000 v. Chr.–um 700 n. Chr.
Indianische »Waldlandkulturen« in Nordamerika

1000–300 v. Chr.
Olmekenkultur in Mittelamerika

300 v. Chr.–250 n. Chr.
Erste Mayakulturen in Mexiko

600–900
Höhepunkt der Mayakultur

700–1550
»Missisippikultur« in Nordamerika (stadtähnliche Siedlungen, Tempelpyramiden)

900–1200
Toltekenkultur in Mexiko

1200–um 1550
Aztekenreich in Mittelamerika, Inkareich im westlichen Südamerika

te der heutigen Staaten Belize, Honduras, Guatemala und die Halbinsel Yucatán verbreitet, hatte tiefe historische Wurzeln. Die frühesten archäologischen Zeugnisse reichen bis in die Zeit um 2500 v. Chr. zurück.

Die dominante Architekturform in den Reichen der Maya und Azteken war die Pyramide. Diese Bauten sind indessen nicht vergleichbar mit den Pyramiden des pharaonischen Ägypten. Sie waren gestuft, über Treppen begehbar und dienten (von Ausnahmen abgesehen) nicht als Herrschergrab, sondern als eine Art künstlicher Berg, auf dessen höchster Plattform sich eine Tempelanlage erhob. Die mit Abstand größte Pyramide der mittelamerikanischen Kulturen ist die Sonnenpyramide von Teotihuacán im zentralen Hochland Mexikos. Im 3. Jh. n. Chr. erbaut, erhebt sie sich 65 m über die Ebene, weist eine Kantenlänge von jeweils 220 m auf und besteht aus über 1 Million m² luftgetrockneter Ziegel. Rampen und Stufen führen auf die Spitze, auf der einst eine Kultstätte angesiedelt war. So verschieden die Pyramiden in Grundform, Neigungswinkel und Bauaufwand im Lauf der Jahrhunderte in den verschiedenen Regionen und Kulturen auch ausgeformt waren, ihnen gemeinsam waren der Podestcharakter für Bauten und der Kultbetrieb oben auf ihren Bergspitzen. Bedeutende Pyramiden sind die der Maya von Tikal (6. Jh.), Palenque (7. Jh.), El Tajín (10. Jh.) und Chichén Itzá (11. Jh.) sowie die Aztekenpyramide von Tenayuca (13. Jh.).

Die Luftaufnahme zeigt die Stadt Chan Chan an der Mündung des Rio Mocho, Bolivien. Starke, gut zu verteidigende Lehmziegelmauern umschlossen ein exakt, beinahe mathematisch strukturiertes Areal von über 20 km². Die Hauptstadt des Chimú-Reiches wurde im 15. Jh. von den Inka erobert und geplündert.

Die altamerikanischen Pyramiden erhoben sich, meist zentral gelegen, inmitten großflächig bebauter Siedlungsareale. Ihnen unmittelbar zugeordnet waren häufig große Anlagen – Tempelhöfe wie etwa derjenige von Tiahuanaco, einer insgesamt 16 ha umfassenden Metropole im Hochland der peruanischen Anden der Zeit um 900, oder die berühmten Ballspielplätze wie etwa der von Yagul (11./12. Jh.). Letztere waren exakt rechteckige, eingetiefte und mit tribünenartig geformten Wällen umgebene Anlagen. Sie dienten einem häufig auch bildlich dargestellten Ballspiel, das nicht allein Sport, sondern auch ein rituell-symbolischer, bis heute rätselhafter Akt war.

Die urbanen Strukturen der mittelamerikanischen Metropolen waren, verglichen etwa mit den primitiven Siedlungen des europäischen Mittelalters, hoch entwickelt. Wie mit dem Lineal gezogen, kreuzen sich die Straßen in rechten Winkeln, liegen die Tempel und öffentlichen Plätze in exakten Fluchten zueinander, säumen die Wohnhäuser die breiten Straßen. In der Mayakultur dominierten rechteckige, meist mehrräumig gegliederte Wohnhäuser. Sie erhoben sich in leichter, dennoch aber witterungsstabiler Lehmbauweise auf einer niedrigen, mehrstufigen Erdplattform. Fast alle Städte hatten deutlich mehr als 10 000 Einwohner, die Aztekenmetropole Tenochtitlán, die Cortés eroberte und in einer farbigen Karte verewigte, war eine Art mittelamerikanisches Venedig – von Kanälen durchzogen, beherbergte sie im 16. Jh. mehr als 250 000 Einwohner. Hinsichtlich des sozialen und wirtschaftlichen Lebens innerhalb der Städte gibt es hingegen nur wenige Anhaltspunkte. Sicher ist, dass sie die politischen und religiösen Zentren der jeweiligen Stämme und zugleich die Verwaltungssitze waren. Möglicherweise befanden sich hier auch zentrale Lager für Nahrungsmittel und Rohstoffe und damit die Werkstätten für die Herstellung von Gerätschaften und Waffen aller Art. In diesem Sinn lassen sich die mittelamerikanischen Metropolen durchaus mit den Palaststädten der Minoer auf Kreta vergleichen: kulturelle Zentren, zugleich aber unseren modernen Vorstellungen von einer Stadt höchst unähnlich.

Machu Picchu – Stadt in luftiger Höhe

Als eine der großen archäologischen Sensationen gilt die Entdeckung der Ruinen von Machu Picchu. Der amerikanische Abenteurer Hiram Bingham, Vorbild für den Hollywood-Filmhelden Indiana Jones, stieß 1911 während einer Expedition, die eigentlich auf der Suche nach der Inkastadt Vilcabamba war, auf die vom Urwald völlig überwucherten Ruinen, die sich, drei Tagesmärsche von der alten Hauptstadt der Inka, Cuzco, hoch

Machu Picchu ist eine gut erhaltene Ruinenstadt der Inka, die auf einem Berggipfel inmitten eines grandiosen Andenpanoramas liegt.

auf einem abschüssigen Plateaugipfel, eben dem Machu Picchu, über dem Tal des Rio Urumbata an den Osthängen der peruanischen Anden erstreckten. Bekannt gemacht wurde die Ruinenstadt in einem von Bingham mitverfassten, weltweit beachteten Artikel im Magazin »National Geographic« (April 1913). Seitdem ist der Ort mit seiner atemberaubenden Lage das Ziel nahezu ununterbrochener Touristenströme.

Machu Picchu ist bis heute in vielerlei Hinsicht ein Rätsel geblieben, das einlädt zu Spekulationen jeder Art. Er gehörte zum kurzlebigen Inkareich, das von seinem Zentrum Cuzco aus die südamerikanische Andenregion von etwa 1200 bis zur spanischen Erobe-

Die Wohnhäuser von
Machu Picchu wurden
aus sorgfältig gefügten
Felssteinen erbaut,
heute fehlen allein die
Holzteile des Giebel-
daches. Die zahlreichen
Fensteröffnungen sind
mit langen Architraven
überbrückt.

rung im 16. Jh. beherrschte. Die Siedlung ist vermutlich im Zug der spanischen Expansion verlassen, nicht
jedoch entdeckt und geplündert worden. Die Folge ist
ein sehr guter Erhaltungszustand der zum Teil noch
bis zum Dachansatz aufrecht stehenden Bauten, aber
auch eine erhebliche Fundarmut, denn offenbar ist
fast alles, was tragbar war, von den emigrierenden Bewohnern mitgenommen worden.

Bis heute unklar ist der Charakter der Siedlung. Jede
»echte« Inkasiedlung ist von großen Speicherbauten
gekennzeichnet – ein erheblicher Vorrat an produzier-
ter und gesammelter Nahrung war in dieser unwirtlichen Gegend eigentlich zwingende Voraussetzung für
das Überleben. Solche Speicherbauten fehlen an diesem Ort. Zugleich ist sicher, dass hier dauerhaft Menschen gesiedelt haben. Das gesamte Plateau ist, wo
es nicht bebaut war, terrassiert und zu landwirtschaft-
licher Nutzfläche umgeformt worden.

Die Siedlung selbst scheint sich in zwei Teile zu glie-
dern, die durch ein ganzes System von Straßen und
Wegen miteinander verbunden waren: einen Wohnbe-
reich und einen Tempelbezirk. Fast wie Reihenhäuser
wirken die kunstvoll durchfensterten und mit Giebeldä-
chern gedeckten Wohnbauten: exakt gefluchtet und
parallel zueinander erbaut. Was aus der Ferne wie eher
flüchtig zusammengefügtes Bruchsteinmauerwerk
wirkt, erweist sich bei näherem Hinsehen als bautech-

nische Meisterleistung: Exakt auf Pass gearbeitete Steinquader sind hier ohne Mörtel aufeinandergeschichtet – eine Bautechnik, die an die Säulen- und Quaderbauten des antiken Griechenland erinnert, hier jedoch insbesondere auch deswegen rätselhaft bleibt, weil keinerlei Kenntnisse der verwendeten Werkzeuge und Techniken existieren. Gewiss ist allein, dass das Baumaterial in einem nahe gelegenen Steinbruch gewonnen und mühsam auf das Bergplateau hinaufgetragen wurde. Der harte Fels wurde im Steinbruch angebohrt und mit in die Löcher hineingetriebenen nassen Holzpflöcken in exakter Linie auseinandergesprengt.

Wohl um 1450 erbaut, hat Machu Picchu kaum 100 Jahre existiert. Die Siedlung war vermutlich keine Stadt im konventionellen Sinn, vielmehr eher eine Art Villa oder Landresidenz des Inkaherrschers Pachacutec. Die vermutlich recht wenigen, auf Dauer am Ort lebenden Bewohner waren möglicherweise Bedienstete des Hofes, betrieben Ackerbau und die verschiedenen Werkstätten, darunter eine Weberei. Die seltsamen Formen und Inneneinrichtungen der »Tempel« (so bezeichnet, weil sich keine vordergründig-rationale Erklärung für diese Bauten anbietet), verschiedene Ideen von hier einstmals praktizierten astrologischen Beobachtungen, aber auch die faszinierende Lage haben Machu Picchu bis heute die Aura des Geheimnisvollen, des Mystischen verliehen.

Indianische Architektur Nordamerikas

Die Architektur der nordamerikanischen Indianer steht in engster Beziehung zu den sozialen und vor allem wirtschaftlichen Grundlagen der jeweiligen Ethnien. Insbesondere im Norden des Kontinents dominierten bis ins 19. Jh. hinein Nomaden. Die notwendige Folge dieser auf Sammeln und Jagen ausgerichteten Wirtschaftsform war der Verzicht auf fest gebaute Siedlungen. Hier herrschten Zeltkonstruktionen, bei den Winterlagern in der Regel vergängliche Naturarchitekturen vor.

Die sesshaften Stämme des Nordens und der Prärie lebten in Dörfern, die aus verschieden großen Gemeinschaftshäusern bestanden. Solche Häuser, die bis zu 100 m Länge aufweisen konnten, wurden von mehreren Sippen bewohnt. Die Bauten waren aus Holz errichtet und bestanden in der Regel aus einem Geviert von stabilen Vertikalpfosten, an denen die Wandplanken befestigt waren und die das zum Teil äußerst massive Bretterdach trugen. Bemerkenswert ist die Bautechnik: Nägel und Dübel waren unbekannt, sodass die einzelnen Teile allein durch Verzapfungen, Kerbungen oder Seilvertauung miteinander verbunden waren. An der Eingangsseite meist mit Schnitzwerk reich verziert, besaßen die Gebäude keinerlei Fenster. Lediglich eine verschließbare Rauchabzugsöffnung an der Rückseite in unmittelbarer Nähe der Feuerstelle sorgte für Beleuchtung. Der Boden war gänzlich mit Holzbrettern ausgelegt, die Bauten im Inneren waren in einzelne Abschnitte für die Sippen untergliedert.

Viele Indianerstämme des Südens lebten mindestens im Winter in Lehmziegelarchitekturen. Während bei den Papagos in Südarizona Dörfer aus kleinen, separat gebauten kastenförmigen Lehmziegelhäusern vorherrschten, fand sich bei Völkern in New Mexico ein aneinandergebautes, vielstöckiges, labyrinthisches Konglomerat kastenförmiger, teilweise auch runder Einheiten – eben das vom spanischen Franziskaner Fray Marcos 1539 sogenannte Pueblo, ein Begriff, der dann auf die amerikanischen Bewohner der Dörfer übertragen wurde. Nicht allein Lehmziegel fanden hier Verwendung. Sogar säuberlich verputzte, sorgfältig geschichtete Steinarchitekturen haben sich, etwa bei den Hopi, nachweisen lassen. Das Pueblo ist ein »Ein-Haus-Dorf«, bestehend aus bis zu 800 miteinander verbundenen, pyramidenartig übereinandergestockten Raumeinheiten, die in der Regel über Leitern zugänglich und durch Dachluken betretbar waren. Die einzelnen Raumeinheiten waren in der Horizontalen durchgehend, in der Vertikalen jedoch nur selten miteinander verbunden. Ein Geschosswechsel erfolgte von außen über Leitern. Bis zu fünf Stockwerke konnten so übereinandergelagert werden. Bezeugt sind Pueblos mit über 6000 Bewohnern. Die flachen Decken bestanden aus einer massiven Holzkonstruktion, die mit Lehm und Putz verkleidet war. Die Stärke der in den unteren Stockwerken über 1,5 m dicken Wandmauern nahm aus Gründen der Statik nach oben hin rapide ab. Das oberste Geschoss eines Pueblos bestand aus einer Leichtkonstruktion aus Lehm und Flechtwerk, nicht mehr aus Ziegeln.

Die pyramidenförmigen Pueblos, die sich auf meist ebenem Terrain erhoben, eigneten sich ideal zur Verteidigung gegen Angriffe. Das massiv gebaute, häufig überhöhte Sockelgeschoss war deswegen nach außen hin völlig verschlossen und unzugänglich. Die agglutinierende Wohnform des Pueblos ist bereits in prähistorisch-indianischer Zeit für die Spätphase der Anasazi-Kultur (Pueblo-I-Phase, ab 700 n. Chr.) belegt. Einzelne Pueblos konnten eine jahrhundertelange Bautradition aufweisen (und sind sogar noch heute bewohnt). Sie wurden je nach Bedarf ergänzt, verändert oder modernisiert. Innerhalb des Pueblos gab es mindestens einen zentralen Raum oder Platz, der als »öffentlicher« Gemeinschaftsbereich dem Ritus und den Stammesversammlungen vorbehalten war.

Das Klippenpueblo von Mesa Verde, Colorado, USA, das hoch über einem Canyon liegt, wurde aus einem sorgfältigen Verbund von Lehmziegeln und Bruchsteinen erbaut.

Eine den natürlichen Schutzgegebenheiten des Geländes angepasste Variante des Pueblos ist die Klippensiedlung – ebenfalls ein zusammenhängendes Architekturkonglomerat, das wegen der strategisch günstigen Lage auf einer steilen Anhöhe oder im Schutz der schwer zugänglichen Bergwelt auf das abweisend-unzugängliche Sockelgeschoss des »Flachlandpueblos« verzichten konnte und deshalb in seiner Form insgesamt unregelmäßiger, variabler und »offener« gebaut war.

Der romanische Kirchenbau

Der aus Frankreich stammende Begriff Romanik bezeichnet in der Architekturgeschichte diejenige Epoche mittelalterlicher Baukunst, die mit der Konsolidierung eines lateinisch-westlichen Kulturkreises einhergeht. Sie steht formal in antik-spätrömischer Tradition, grenzt sich aber zunehmend markant von dem lateinischen Westen, dem byzantinischen Osten und der islamischen Welt – ab. Geografischer Schwerpunkt der Romanik ist Italien und das aufblühende Europa nördlich der Alpen, wo sich verschiedene formale Ausprägungen entwickeln. Zeitlich erstreckt sie sich von der karolingisch-ottonischen Epoche des 8. Jh. bis ins 12. Jh., bauhistorisch wird sie unterteilt in die Frühromanik (bis um 1000) und eine Blüte im 11. und 12. Jh.

Träger romanischer Kunst und Architektur ist in erster Linie die Kirche, die Bauten und Bilder derart vollständig funktional in ihr Weltbild eingliedert, dass – im Gegensatz zur Renaissance – nur selten Künstler oder Architekten namentlich überliefert sind. Allein die Resultate, nicht die Umstände ihrer Erstellung, haben Bedeutung. Romanische Architektur manifestiert sich demzufolge in erster Linie im Kirchen- und Klosterbau, erst dann im Repräsentationsbau der (ohnehin eng mit der Kirche verflochtenen) weltlichen Macht.

Ein frühes Beispiel, das diese Verknüpfung von weltlicher und kirchlicher Macht zeigt, ist die Pfalzkapelle im Aachener Münster. Um 800 in einer der bedeutendsten Pfalzen des Karolingerreichs errichtet, folgte sie mit ihrem oktogonalen Grundriss der im 6. Jh. in Ravenna erbauten Kirche San Vitale. Der Bau war zunächst der Thronraum, also ein weltlicher Repräsentationsbau im Palast Karls des Großen, und wurde später dann zum Kern des darum herum errichteten Aachener Münsters. Der mehrstöckige Raum zeigt mit seinen säulengestützten Rundbögen und seinem Gewölbe die

Das Oktogon der Pfalzkapelle im Aachener Münster besaß zwei Funktionen: Das Untergeschoss diente als Kirche, das Obergeschoss war dem kaiserlichen Tross als Repräsentationssaal vorbehalten. Odo von Metz ist als Architekt überliefert – eine seltene Ausnahme in der ansonsten weitgehend anonymen Architektur der Romanik.

773-774
Karl der Große konsolidiert das Frankenreich unter Einschluss des eroberten Langobardenreiches
800
Kaiserkrönung Karls in Rom durch Papst Leo III., danach karolingisches Kaisertum
936
Krönung Ottos I. der Große in Aachen, Beginn es ottonischen Kaisertums 11.–frühes 12. Jh, fränkische Kaiser (Salier) in Deutschland
1066
Schlacht bei Hastings, normannische Eroberung Englands
1076/77
Synode von Worms, Konflikte zwischen Kaiser (Heinrich IV.) und Papst (Gregor VII.), Gang nach Canossa
1096-1099
1. Kreuzzug, ausgerufen von Papst Urban II.
1147-1149
2. Kreuzzug

1152-1190
Lebte Friedrich Barbarossa
1189-1192
3. Kreuzzug (Friedrich Barbarossa, Richard Löwenherz)
1190-1197
Heinrich VI.; Gründung des Stauferreiches, zunehmende Konflikte mit dem Papsttum
13. Jh.
Aufstieg der Hanse zum machtvollen Wirtschaftsbund in Nord- und Osteuropa
1204
4. Kreuzzug, Eroberung von Byzanz
1202-1250
Friedrich II. von Hohenstaufen, Höhepunkt des Heiligen Römischen Reiches
1226
Gründung des Deutsches Ordens
1291
Nach insgesamt sieben Kreuzzügen räumen die Christen Akkon, die letzte befestigte Basis in Palästina

markanten, auf maximale Klarheit der Gestaltung abzielenden Leitformen romanischer Architektur, die vielfach der spätantik-römischen Architektur entlehnt sind. Wie sehr die Grundformen romanischer Architektur derjenigen frühchristlich-antiker Zeit ähneln, zeigt der Grundriss der St.-Michael-Basilika von Hildesheim (frühes 11. Jh.): Hier tritt nicht wie in Aachen (oder etwa am Dom von Worms) das Prinzip des Zentralbaus in Erscheinung, sondern das alternative Konzept der Basilika, das zunehmend mit einem dem Chor vorgelagerten Querschiff verbunden und zu einem Grundmuster spätmittelalterlichen Kirchenbaus entwickelt wird. Höhepunkt der deutschen Romanik sind die Bauten

Der Dom von Cefalù auf
Sizilien stammt aus nor-
mannischer Zeit (12. Jh.).

der Salier und Staufer im 11. und 12. Jh. Am Dom zu
Speyer (1024–1106) findet sich ein filigraner dreizoni-
ger Wandaufbau, der mit seiner Höhenstreckung bereits auf die kommende Gotik vorausweist.

Die »normannische« Romanik ist die französische
Spielart des Baustils. Sie findet sich nicht nur in Frank-
reich (St. Etienne in Caën), sondern im gesamten
Expansionsgebiet der Normannen in jenen Jahrhunder-
ten. Zergliederung der Wandflächen bis hin zu einem
reinen Ornamentalismus sowie die Entwicklung des
Kreuzgratgewölbes bei gleichzeitig höchst qualitätvol-
ler Steinmetzarbeit sind Kennzeichen dieser Bauform –
Entwicklungen, die ebenfalls auf die Gotik hinweisen.
Prominente romanische Normannenbauten außerhalb
Frankreichs sind die Kathedrale von Durham (1091–
1130) mit ihrer beinahe schon gotisch-verschnörkelten
Außenfassade (im 1066 eroberten England), ferner
Dom und Kloster von Monreale sowie der gewaltige
Dom von Cefalù (12. Jh.) auf Sizilien mit seiner aus-
ufernden Ornamentik. Zu den bedeutendsten Zeugnis-
sen französischer Romanik zählt zudem der im Jahr
1088 begonnene Neubau des Klosters Cluny, das Zentrum des Zisterzienserordens, sowie verschiedene Kirchenbauten im Burgund (u. a. der Dom von Autun) und
im Süden (St. Giles nahe Arles).

Während die süditalienische Romanik im wesentlichen Fremdeinflüssen, etwa denen der Normannen

(Sizilien und Kampanien) oder der Staufer (Apulien unter Friedrich II., z. B. die Kathedralen in Bari, Trani, Bitonto und Otranto) folgt und sich als ein hochgradig eklektisches, beinahe multikulturelles Phänomen präsentiert, prägt sich in Norditalien seit dem 11. Jh. ein eigenständiges, markantes Bauverständnis aus, das in verschiedener Hinsicht der späteren Renaissance-Architektur stilprägend vorausgeht. Musterstück norditalienischer Romanik sind die Bauten des Campo dei Miracoli, ein monumentales, im 11. Jh. am Stadtrand von Pisa errichtetes Ensemble. Prägend für den italienischen Kirchenbau wird die hier vollzogene Trennung von Kirche und daneben gestelltem Glockenturm (Campanile). Der massive Baukörper des Doms von Pisa, eine Basilika mit Querschiff und Kuppel über dem Zentrum, wirkt durch die arkadengeschmückte, mehrstöckige Fassade und das appliziert-ornamentreiche Äußere der Seitenflügel beinahe renaissancesk. Andere romanische Kirchen in nord- und mittelitalienischen Städten bevorzugen eine nicht minder beeindruckende Ornamentik, die weniger reliefartig ausgebildet ist, sondern durch Verwendung verschiedenfarbiger Baumaterialien erzeugt wird (z. B. Dom von Orvieto). Eine eingehendere Betrachtung norditalienischer Kirchenarchitektur zeigt, wie hier im 12. und 13. Jh. Romanik und Renaissance ohne Gotik miteinander verschmelzen.

Der Dombezirk in Pisa besteht aus Baptisterium, Kirche und Campanile (der »Schiefe Turm«). Der Komplex wurde 1063 gegründet und in den folgenden zwei Jahrhunderten errichtet.

Der St. Gallener Klosterplan

Ein einmaliges Denkmal für das Verständnis frühmittelalterlicher Architektur ist der St. Gallener Klosterplan: der auf einem Kalbspergament von ca. 110 x 78 cm Größe gezeichnete Grundriss einer karolingischen Klosteranlage der Zeit um 820. In akribischer Genauigkeit wird hier dargestellt, was alles in jenen Jahren zu einem Kloster gehörte. Eine solche Art von Bauzeichnung, die die Strukturen eines Architekturkomplexes mit nahezu maßstäblicher Genauigkeit wiedergibt, war in den nachantiken Kulturen bis zum 12. Jh. gänzlich unbekannt. Zugleich zeigt der St. Gallener Plan – als große Ausnahme – beispielhaft, wie sehr sich das damalige Verständnis einer Bauzeichnung vom modernen unterscheidet. Er diente nicht als Hilfsmittel im Bauprozess, sondern war als ideales Muster gedacht: gewissermaßen als Strukturplan für das Konzept eines Klosters, dessen Schwerpunkte auf Andacht und Arbeit lagen – so wie es im 529 gegründeten Benediktinerorden (»Ora et labora«, »Bete und arbeite«) gepriesen wurde.

Bereits in den prähistorischen und antiken Hochkulturen hat es verschiedentlich Bauzeichnungen gegeben, angefangen mit den Sumerern in Mesopotamien. Auch hier dominierten Grundrisse, die als höchst exakte, wie mit einem Lineal gezogene Linien meist in Tontafeln geritzt waren und vermutlich Orientierungshilfen für den Bauvorgang darstellten. Gegenstand solcher Zeichnungen waren nicht nur Sakral- und Grabanlagen, sondern auch einfache Wohnhäuser. In der altägyptischen Kultur wurde das Repertoire der Architekturzeichnung um den Aufriss und die Detailansicht erweitert und damit ein architektonisches Know-how entwickelt, das bereits in der griechischen und römischen Kultur teilweise wieder verschwand. Aus der Archaik und Klassik sind gar keine Bauzeichnungen bekannt; hier herrschte eine Vermittlung von Bauplänen in Form der Schriftsprache, mittels inschriftlich überlieferter, nicht selten hoch komplizierter Bau-, Maß- und Versatzanweisungen vor. Konkrete Bauzeichnungen finden sich erst wieder in der hellenistisch-römischen Architektur: hier meist als Risse für bauliche Details. Seit der Spätgotik im 12. Jh. wird die Bauzeichnung in der abendländischen Architektur zum Allgemeingut. Sie diente dabei zunächst, wie etwa der große Riss der Front des Straßburger Münsters oder ein ähnlicher für das Westportal des Kölner Doms, zur Weitergabe präziser Designideen innerhalb der hier langfristig mit einem Projekt befassten Bauhütten.

Bei der Beurteilung von Bauzeichnungen sind die diversen Funktionsbereiche, innerhalb derer die Zeichnungen Anwendung fanden, zu berücksichtigen; der jeweilige Funktionsbereich bestimmt dabei den Grad der Exaktheit und Präzision. Grobe Architekturskizzen oder visionäre Bilder sind Grundlage allgemeiner theoretischer Überlegungen oder der Entscheidungsfindung über wesentliche Merkmale des Bauwerks. Prunkvoll-exakte Pläne und Aufrisse mit ihren bisweilen raffinierten Illusionismen, schließlich auch Modelle waren und sind hingegen meist Gegenstand der fortgeschrittenen Auseinandersetzung zwischen Architekten und Bauherren – dem Geldgeber soll hier der repräsentative Charakter »seiner« Architektur vor Augen geführt und dem Architekten ein Auftrag gesichert werden. Von eher nüchtern-technischer Art sind schließlich die eigentlichen Architektenzeichnungen (Grundrisse, Querschnitte, Aufrisse), die mit ihren unzähligen Maßeintragungen als Vorlagen und Dokumente für die Baudurchführung, die Abrechnung und bisweilen auch als Unterlagen für gerichtliche Auseinandersetzungen dienen. Im Gegensatz zu den anderen Kategorien der Bauzeichnung ist hier eine exakte Maßstäblichkeit unverzichtbar.

Der St. Gallener Klosterplan (Umzeichnung) zeigt den Idealgrundriss eines karolingischen Benediktinerklosters mit Kirche, Kreuzgang und Mönchszellen im Mittelpunkt sowie verschiedenen, um das Zentrum gruppierten Wirtschaftstrakten.

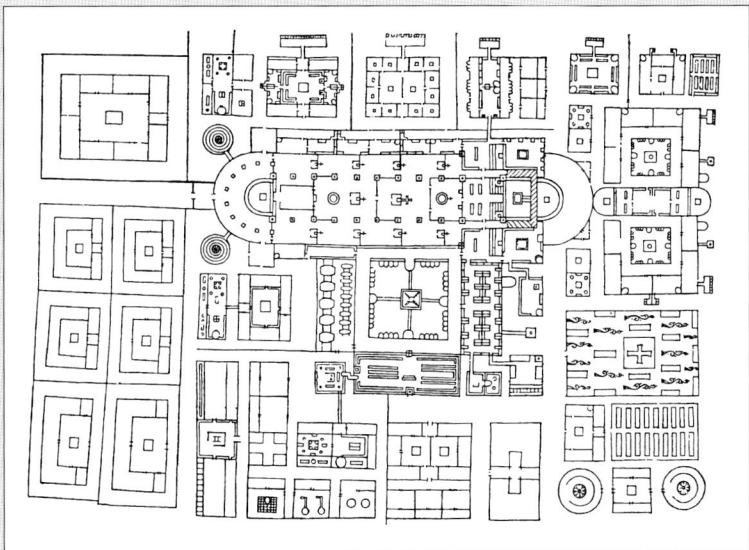

Die mittelalterliche Burg

Ein markanter Bautyp des Mittelalters, sowohl im byzantinischen Osten wie auch im lateinischen Westen, ist die Burg: ein meist demonstrativ weithin sichtbares, weil auf einer schwer zugänglichen Anhöhe gelegenes, massiv bewehrtes Verteidigungsbauwerk sehr unterschiedlicher Größe und Ausstattung.

Unmittelbar verbunden ist dieser im Mittelalter so überaus häufige Architekturtyp mit wesentlichen Strukturen der feudalistischen Gesellschaft dieser Zeit. Ein feingliedriges System aristokratischer Herrschaft vom kleinen, örtlich prominenten Hintersassen über den regional allmächtigen, aber in der Nachbarregion schon wieder völlig einflusslosen Lehnsherrn bis hin zum Fürsten, König oder Kaiser hatte sich als Geflecht von Abhängigkeiten ausgeprägt. Dessen Kernfigur war der Ritter: ein bewaffneter Reiterkrieger mit genügend Vermögen, um seinen Militärpflichten nachzukommen. Die Basis des Vermögens bestand hier im Grundbesitz, den man ausbeuten konnte, und in der Herrschaft über Hörige, die den Boden bewirtschafteten.

Die Burg war in ihrer Keimzelle der Wohnsitz eines Ritters. Der jeweils betriebene Bauaufwand zeigte dabei präzise seinen sozialen und ökonomischen Rang als kleiner Hintersasse oder regionaler Lehnsherr. Seit um 1000 hatte sich dabei das Kriegertum so weit verselbstständigt, dass es – mit Duldung der jeweils höheren weltlichen und kirchlichen Macht – geläufig wurde, sein Vermögen mittels Raubzügen gegen unliebsa-

Château Gaillard an der Seine war die Königsburg von Richard Löwenherz. Sie wurde um 1200 erbaut. Der Grundriss zeigt die typischen Elementen einer Burganlage.
1 Donjon
2 Hauptburg
3 Mittelburg
4 Vorburg
5 Graben

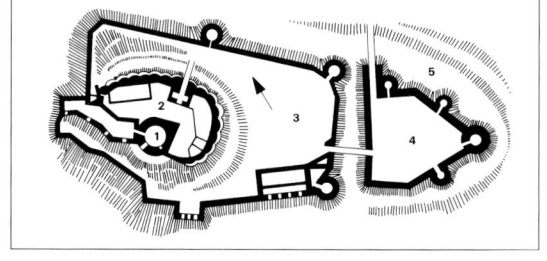

Die Stadt Kintzheim im Elsass verdankt ihre Existenz der um 1190 gegründeten Burg. Die Stadt erwarb zu Beginn des 16. Jh. die aufgegebene staufische Grenzfestung und nutzte sie in Kriegszeiten als Fluchtburg.

me Nachbarn zu mehren. Daraus resultierte das um die Jahrtausendwende zunehmende Schutzbedürfnis und die damit einhergehende Aufwertung des Verteidigungscharakters einer Burg. Waren die frühesten Burgen zunächst kaum mehr als auf einer künstlichen Erhöhung plazierte und mit einer Palisade umgebene Wohntürme (die auf einem massiv befestigten, steilen Sockel inmitten auch flacher Landschaft errichteten normannischen Keeps sind eine wehrtechnisch verbesserte Reminiszenz an diese frühen Burgtypen), suchte man nun, wenn irgend möglich, natürlichen Schutz bietende Lagen auf schwer zugänglichen Bergnasen. Sie wiesen aber auch einen Nachteil auf, denn der Bau einer Burg konnte eben wegen der Unzugänglichkeit des Baugrundes zu einem hoch komplizierten technischen Unterfangen werden. Im Flachland begann man, die Burgen mit Gräben und Wällen sowie mit Ringmauern umfassend zu sichern.

Die »typische« mittelalterliche Burg besteht aus drei Komponenten: den militärischen Anlagen (Mauern, Türmen, Zugbrücken, eventuell einer zur Bastion ausgebauten Vorburg, Waffenräumen), dem Wirtschaftstrakt (Werkstätten, Lagerräume, Ställe, Zisternen oder Brunnenanlagen) sowie dem zunächst bescheidenen, erst seit dem späten 12. Jh. zunehmend repräsentativen Wohntrakt. Er wird als Bergfried bzw. Dogon/Donjon bezeichnet und steht in der Tradition der Wohntürme. Die »Hauptburg« ist eine Art Wohnpalast mit Kaminraum, Kemenate *(caminata)* und Rittersaal im Zentrum sowie mit Burgkapelle. Die Dimensionen der Burgen variieren erheblich und reichen von nur wenige 100 m² Grundfläche bedeckenden »Felsennestern« über opulente und repräsentative Wohnburgen (Wartburg) bis hin zu den riesigen Klosterburgen des Deutschen Ordens im Osten (Marienburg) oder den Burgen der Kreuzritter im östlichen Mittelmeerraum (Rhodos).

Der Burgenbau war von erheblicher Bedeutung für die europäische Siedlungsgeschichte, da ihm zugleich die Sicherung von Grenzen und Handelswegen zukam. Häufig bildeten sich im Schutz von Burgen Ansiedlungen, die zu Städten anwuchsen. Insgesamt sind in Europa nahezu 30 000 Burgen bekannt. Die meisten wurden in der Zeit um 1500, als die Erfindung des Schießpulvers zunehmend neue Formen der Befestigung erforderlich machte, aufgegeben und verfielen, etliche wurden aber auch in – nunmehr nicht mehr allein defensiv ausgerichtete – repräsentative Schlösser und Residenzen umgewandelt. Das Motiv der mittelalterlichen Burg, allerdings ohne jede soziale und wehrtechnische Funktionen, wird dabei im Historismus des 19. Jh. ein beliebtes Sujet für aristokratische Landsitze, insbesondere in England und Schottland.

Der Schnitt durch den Seitenaufbau des Doms von Amiens, erbaut ab 1220, ist beispielhaft für den vertikalen Aufbau einer gotischen Kathedrale.

Die gotische Kathedrale

Wohl selten ist der Versuch, einen vermeintlich degenerierten Baustil zu diskreditieren, aus heutiger Sicht derart missglückt wie mittels der ursprünglich negativ gemeinten Bezeichnung »Gotik«: Der italienische Architekt und Maler Giorgio Vasari (1511–74), ein glühender Anhänger der Rationalität der italienischen Renaissance, prägte diesen auf ein barbarisches Gotentum gemünzten Begriff, um die »Irrungen« der seit etwa 1300 nördlich der Alpen gängigen Repräsentationsarchitektur zu kennzeichnen. Heute gilt die Gotik als viel bewunderter, konstruktiv kühner Architekturstil von

Sakralbauten. Er war in der Zeit von ca. 1300–1500 in Frankreich, England, Deutschland, den Niederlanden und Böhmen weit verbreitet.

Mehr noch als die romanischen Dome hatten und haben gotische Kathedralen Zeichencharakter: riesige, zum Himmel weisende Monumente des Klerus, Monumente einer zünftisch-ständisch organisierten, bis ins Private hinein von der Kirche dominierten Gesellschaft. Anders als die romanischen Kirchen, die trotz bisweilen erheblicher Größe immer in relativ kurzer Bauzeit zumindest soweit vollendet wurden, dass sie geweiht und genutzt werden konnten, waren die gotischen Kathedralen nicht selten Riesenprojekte, deren Vollendung bei Baubeginn unabsehbar war. Über Generationen waren hier Bauhütten – je nach verfügbaren Mitteln – mehr oder minder aktiv; viele gotische Kathedralen, wie etwa der Kölner Dom, wurden erst Jahrhunderte nach Baubeginn vollendet. Üblicherweise wurde bei gotischen Kathedralen mit dem Ostteil (Chor, Querschiff) begonnen, während das Westwerk in der Regel den jüngsten Teil des Bauwerks darstellt.

Der Übergang von der Romanik zur Gotik ist fließend. Bereits die Kathedrale von Durham kann als »Übergangsbau« gewertet werden. Markante Erscheinungen der Gotik wie die schlanke Hochgestrecktheit einzelner Kompartimente oder ganzer Wand- und Raumsysteme sind in spätromanischen Bauten ebenfalls bereits angelegt. Hinzu tritt nun eine zunehmende statische Kühnheit – die Bauhöhe bei gleichzeitiger Minimierung der Stützen und die Raumüberbrückung durch filigran gemauerte Gewölbe basieren dabei nicht auf statischer Berechnung, sondern auf einem Trial-and-Error-Verfahren. Einstürze von eben fertiggestellten Teilabschnitten (wie z. B. 1284 bei der Kathedrale von Beauvais) und ein Verbleiben des Baus im Unvollendeten oder im notdürftig Reparierten waren nicht selten. Immer waghalsiger wurden die in der Masse reduzierten Architekturskelette, immer lichter die mit

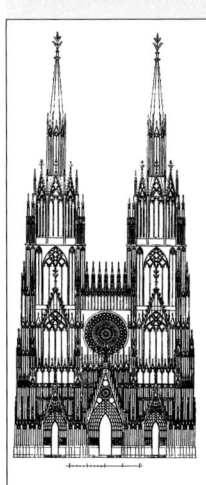

Das Westwerk des Straßburger Münsters lässt sich gut anhand des 2,8 m messenden zeichnerischen Risses studieren. Er ist der Prototyp der in der Gotik in Bauhütten verwahrten und weitergereichten Zeichnungen und zugleich Planungsgrundlage für den Fortgang der Bauarbeiten.

großen Fenstern durchsetzten Wände, immer bizarrer der spitz gezackte Dekor des riesenhaften Äußeren der Bauten. Die Bauplanung beschränkte sich dabei weitgehend auf großformatige Ansichtszeichnungen ohne technische Detailangaben, gewissermaßen Designvorgaben, die innerhalb der Bauhütte über Generationen weitergereicht wurden. Größe war dabei Programm: Die Kathedrale von Amiens (ab 1220) bot Raum für die gesamte damalige Bevölkerung der Stadt, war ihr weithin sichtbarer Mittelpunkt und dominierte das gesamte Erscheinungsbild des Ortes. Mit den riesigen Bauvolumina korrelierten die bisweilen exorbitanten Höhen der (häufig erst spät vollendeten) Türme. Der 1439 fertiggestellte Turm des Straßburger Münsters gleicht mit gut 140 m Höhe einem mehr als vierzigstöckigen Wolkenkratzer, die Türme des Ulmer und des Freiburger Münsters sowie des Wiener Stephansdoms stehen dem kaum nach.

Zentrum der Frühgotik ist die Île-de-France um Paris herum; als Pionierwerk gilt der Umbau der im 7. Jh. gegründeten Abtei des Klosters St. Denis (ab 1135) mit ihrem Umgangschor. Die Hochgotik des 13. Jh. ist zunächst ebenfalls französisch geprägt; die berühmten Kathedralen von Chartres, Reims und Amiens gehören in diese Zeit. Die Spätgotik des 14. Jh. hat verschiede-

Der Umgangschor im Innern der Abteikirche St. Denis gilt als Pionierwerk der Frühgotik.

ne nationale bzw. regionale Ausprägungen hervorgebracht: die Parlerbauten in Prag ebenso wie den über-
ladenen Flamboyantstil in den Niederlanden. Eine besondere Rolle spielte die Gotik in England, wo sie im
13. Jh. zu einem »Nationalstil« gewendet wurde, der
die normannisch-romanische Eroberung verdrängen
und einer breit angelegten, den Adel einigenden Identität Raum geben sollte. Die Kathedralen von Wells,
Salisbury, Lincoln und der Umbau von Westminster
Abbey in London mit dem filigranen Perpendicular
Style im Inneren geben davon beredtes Zeugnis.

    Die Gotik war weitgehend, jedoch nicht ausschließ-
lich, auf den Sakralbau beschränkt. Reiche Städte des
Spätmittelalters bedienten sich in ihren Repräsentationsbauten nicht selten ebenfalls dieses Stils (und
zugleich auch seiner Semiotik, nämlich einem allum-
fassenden Weltanspruch). Prominente Beispiele sind
hier zunächst die flandrischen Städte mit ihrer eigen-
artigen, höchst repräsentativen Architekturverschmel-
zung von Gotik und Renaissance (Rathaus von Brügge,
Tuchhalle von Ypern), aber auch Bauten im Osten, etwa in Thorn und Breslau. Im Schloss- und Kastellbau
hat die Gotik ebenfalls ein (wenn auch insgesamt eher
bescheidenes) Gestaltungsfeld gefunden. Gotik war
als ein Stil des Spätmittelalters in ganz Mittel- und
Nordeuropa präsent; noch im
17. Jh. wird in Einzelfällen authen-
tisch-gotisch gebaut (Jesuiten-
kirche in Köln). Das rezipieren-
de Gothic Revival, insbesondere
in England in den Jahrzehnten
nach 1800 gepflegt, zeigt zum
einen den nunmehr positiven
Charakter dieses ursprünglich
negativ konnotierten Stils und
wird ferner zu einem wichtigen
Impuls des architektonischen
Historismus.

Die Kathedrale von
Wells ist ein »gotisier-
ter«, 1089 begründeter
romanischer Kirchen-
bau, der ab 1340 im Stil
der Gotik umgestaltet
wurde. Der für englische
Kirchen gotischen Stils
markante Turm auf
nahezu quadratischem
Grundriss entstammt
dem 15. Jh.

Norddeutsche Backsteingotik

Der Kunst- und Bauhistoriker Georg Dehio schrieb über die spätmittelalterliche Architektur Nord- und Ostdeutschlands in seiner »Geschichte der Deutschen Kunst« zutreffend: »Die norddeutsche Baukunst war einheitlich Backsteinbau. Und sie zog aus dieser ihr vorgegebenen Lage die volle Konsequenz: Sie rezipierte den Backstein nicht etwa bloß als technischen Notbehelf, sondern erfasste ihn mit der Fantasie, passte die Formen ihm an, schuf einen einheitlichen, einen wirklichen Backsteinstil.«

Ziegel als Baumaterial treten im Spätmittelalter immer dort in Erscheinung, wo massiver Stein selten vorkommt. Insbesondere in den Städten der Emilia Romagna bestehen im 13. und 14. Jh. Kirchen und Palazzi überwiegend aus Ziegeln. Die Sandsteinfassaden der Dome von Bologna, Ferrara oder Modena sind lediglich Verkleidungen der im Inneren und an den Langseiten häufig sichtbaren braun-schwärzlichen Ziegelmassen.

Die gigantischen gotischen Kathedralen in Städten wie Köln oder Pa-

Auch die Zentralkirche des Zisterzienserklosters von Bad Doberan, erbaut nach 1255, besteht aus Backsteinen.

ris bestanden aus leicht formbarem, relativ weichem Sandstein. Da Sandstein im Ostseeraum praktisch nicht vorkommt, bestand Architektur hier traditionell aus gebrannten Lehm- bzw. Tonziegeln und war mithilfe dieses kaum minder dekorativen Baumaterials ganz ähnlich formbar: Alle Stilelemente der Gotik ließen sich so nachvollziehen.

Sozioökonomischer Hintergrund der im 12. Jh. einsetzenden Backsteingotik ist die Hanse – ein primär auf die Ostsee ausgerichteter merkantiler Verbund nordeuropäischer Städte, die – als teilautonome Einheiten – im 13. bzw. 14. Jh. enormen Wohlstand anhäuften. Der Reichtum sammelte sich dabei nicht nur in den Schatzhäusern der Städte, sondern auch in den Händen der als Händler tätigen Bürger und des Klerus. Die norddeutsche Backsteingotik gibt dem Streben dieser Gruppen nach repräsentativen Architekturmustern Ausdruck. Aus zunächst bescheidenen Anfängen im 12. Jh. (Dome von Ratzeburg, Schwerin und Lübeck) erwuchs im 13. Jh. eine spektakuläre Ziegelbaukunst, die mittels dieser Bautechnik Kathedralen schuf, die denen in Mitteldeutschland und Frankreich kaum nachstanden. Anders als in diesen Regionen zeigte sich der Reichtum und das Selbstbewusstsein der Hansestädte daran, dass man es nicht bei einem spektakulären Bau pro Stadt beließ, sondern

Der Ziegeldekor am Portal der Marienkirche von Anklam ist ein schönes Beispiel für die Backsteingotik im 13. Jh.

Dome in ganzen Serien erstellte: Sogar in einer für hanseatische Verhältnisse kleinen (wenngleich aufgrund des Salzabbaus schwerreichen) Stadt wie Lüneburg erhoben sich am Ende des 15. Jh. nicht weniger als vier gigantische Backsteinkirchen.

Die norddeutsche Backsteingotik beschränkt sich nicht auf den Sakralbau, ja hat ihn nicht einmal besonders bevorzugt. Backsteingotik ist der »Stil der Zeit«, der an allen repräsentativen Bauten anzutreffen ist. Bürgerhäuser wie Rathäuser und Stiftanlagen (mit ihren markanten Stufengiebeln), aber auch repräsentativ gestaltete Stadttore und Kontorgebäude haben die Ostseestädte des Spätmittelalters einst geschmückt und zu Zentren einer heute noch weitgehend erhaltenen Architektur gemacht.

Leon Battista Alberti und Andrea Palladio

Mit dem Begriff *rinascità*, von dem unser Wort Renaissance abgeleitet ist, wurde in Italien bereits unter den Zeitgenossen des 14. und 15. Jh. diejenige bildende Kunst und Architektur verstanden, die sich auf das Wiederaufleben der römischen Antike bezog – eine zunehmend auch in weltlichen Sphären dominante Kunst und Architektur, die in deutlichem Gegensatz zur klerikalen Vorherrschaft des romanischen Mittelalters stand. Gegenüber der weitgehend anonymen Romanik produzierte die Renaissance prominente Künstler und Architekten in großer Zahl, ein Phänomen, das in einem massiven Wandel der gesellschaftlichen, geistigen und ökonomischen Rahmenbedingungen seine Ursache hat (Humanismus). Erstmals in der Geschichte findet sich in dieser Epoche die Idee vom Künstler- bzw. Architektengenie, das eigene Vorstellungen entwickelt und einem »inneren Drang« folgt (und nicht ausschließlich den Vorgaben eines Auftraggebers).

Die Fassade des Palazzo Rucellai in Florenz wurde 1446–51 nach Plänen von Leon Battista Alberti erbaut. Die Säulenordnungen der Antike ist à la Vitruv akkurat übereinandergestellt: unten dorische, darüber ionische, zuoberst korinthische Pilaster.

Die Renaissance ist zunächst ein auf Italien begrenztes Phänomen, verbunden mit dem politischen und wirtschaftlichen Aufblühen der Stadtrepubliken (Venedig, Florenz, Rom etc.). Erst später findet sich eine Renaissance – meist als ein Phänomen der Rezeption der Werke einzelner prominenter Renaissance-Architekten wie etwa Andrea Palladio – auch nördlich der Alpen. Eine echte Vergleichbarkeit mit der Renaissance Italiens bestand dabei aber wegen der sehr andersartigen historisch-politischen Rahmenbedingungen nicht. Die Renaissance in Italien verläuft in ihren Anfängen in etwa parallel mit der Gotik in Deutschland und Frankreich, die sie hier gewissermaßen ersetzt. Gotik findet sich in Italien nur in wenigen Spuren, meist als Details, etwa an Strebe- und Bogenfenstern, die ansonsten aber in Renaissance-Architekturen eingebunden sind. Mit Renaissance ist die Kunst etwa zwischen 1350 und 1520 gemeint. Ihr voran geht eine Protorenaissance (spätes 13. und frü-

11./12. Jh.
Höhepunkt der frühitalienischen Stadtrepubliken (u. a. Amalfi, Genua, Pisa, Venedig), Gründung der Universität Bologna, demokratische Stadtverfassung in Florenz
ab 1400
Herrschaft der Medici in Florenz
1485–1603
Haus Tudor in England (1509–47 Heinrich VIII., 1558–1603 Elisabeth I.)
1492
Entdeckung Amerikas (Christoph Kolumbus)
1494
Vertreibung der Medici aus Florenz, Beginn des Gottesstaates des Dominikaners Savonarola
1495
Reichstag von Worms, Reichssteuer, Festschreibung der Reichskollegien (Kurfürsten, Fürsten und Reichsstädte)
1498
Entdeckung des Seewegs nach Ostindien durch Vasco da Gama
1504
Königreiche Neapel und Sizilien fallen an Spanien
1515–47
Lebte Franz I. von Frankreich
1515–47
Martin Luther veröffentlicht seine 95 Thesen und leitet die Reformation ein
1529
Türken stehen das erste Mal vor Wien
1547–1559
Lebte Heinrich II. von Frankreich
ab 1589
Heinrich IV., Bourbonen regieren Frankreich (in der Folge Hugenottenkriege)

hes 14. Jh., z. B. der Palazzo Publico in Siena), und ihr folgt die Hochrenaissance bzw. der im Barock aufgehende Manierismus (zweite Hälfte des 16. Jh.).

Die Wiederentdeckung der materiellen Hinterlassenschaft der Antike ist das Leitmotiv der Renaissance, sowohl in Malerei und Plastik als auch in der Architektur. Antike meint hier indessen allein die römische, nicht jedoch die griechische Antike. Die römischen Monumente waren in vielen Städten Italiens als viel bewunderte Ruinen allgegenwärtig, die griechische Antike lag seit der osmanischen Eroberung der südlichen Balkanhalbinsel hingegen wie hinter einem undurchdringlichen Vorhang verborgen (und war in jenen Jahren ein rein literarisches Ideal für Philosophen und Wissenschaftler).

Die Gartenfassade der Villa Cornaro in Piombino, Italien, wurde nach Entwürfen Andrea Palladios ab 1553 errichtet.

Eine Initialzündung für eine neue, die traditionellen Prinzipien der Romanik überwindende Architektur war die Wiederentdeckung der »Zehn Bücher über Architektur« des Römers Vitruv, um die Zeitenwende entstanden und nun in Gestalt einer frühmittelalterlichen Abschrift in der Bibliothek des Klosters St. Gallen wieder präsent. Im Nu kursierten Abschriften, bald auch Übersetzungen. Insbesondere die Darlegungen zu den Säulenordnungen machten Furore, und alsbald setzte eine intensive Bautätigkeit ein, die auf diese antiken Baumuster, die sich anhand der vorhandenen antiken Architektur überdies bestens nachvollziehen ließen, zurückgriff. Erster Protagonist einer solchen »vitruvianischen« Architektur war Leon Battista Alberti (1404–72). Als eines der frühesten »Universalgenies« der Renaissance (Alberti war nicht nur Architekt, sondern auch Dichter, Musiker, Naturwissenschaftler und zudem in seiner Jugend ein renommierter Sportler) befasste sich der finanziell unabhängige Aristokrat mit den Prinzipien der Architekturtheorie, studierte Vitruv sehr intensiv und verfasste am Ende seines Lebens einen Vitruv aufs Engste nachempfundenen Traktat (»De re aedificatoria«, »Über die Baukunst«, in ebenfalls zehn Büchern und in Vitruv nicht unähnlich gestelztem Latein verfasst, Erstausgabe postum 1485). Alberti blieb Theoretiker, der mit seinem Wirken indessen die folgenden Architektengenerationen massiv beeinflusste. Nur wenige seiner Entwürfe wurden ausgeführt (und sind dennoch allesamt Meisterwerke der Renaissance). Neben dem Motiv des antik-römischen Triumphbogens als Eingangsportal für Kirchenbauten (z. B. San Andrea in Mantua) galt sein Hauptinteresse der Verwendung der antiken Säulenordnungen im Fassadenbau (z. B. am Palazzo Rucellai in Florenz).

Im Gegensatz zu Alberti war, etwa 100 Jahre später, der Architekt Andrea Palladio (1508–80) nicht nur Theoretiker, sondern in erster Linie Praktiker. Als ein Vertreter der Hoch- bzw. Spätrenaissance bündelte und »veredelte« Palladio in seiner Architektur gewissermaßen all das, was die Architektengenerationen vor ihm formuliert hatten: Brunelleschi, Bramante, Michelangelo, Raffael, Sangallo, Filarete und viele andere. Weit über 100 Bauten Palladios sind bis heute erhalten, und vielfach hat er sich als Neuerer einen Namen gemacht. Nach ihm benannt ist das Palladiomotiv, ein Arkadenfenster, bei dem der mittlere, überhöhte Bogen von zwei schmalen Öffnungen flankiert wird (z. B. Basilika von Vicenza). Neben zahlreichen öffentlichen Bauten in norditalienischen Städten sind vor allem seine Villen berühmt geworden. Sie galten noch Jahrhunderte später als ideale architektonische Versinnbildlichungen der Spätrenaissance.

Palladio war daneben auch schriftstellerisch aktiv. Aus seiner Hand stammte die erste fundierte Beschreibung der antiken Monumente der Stadt Rom (»Le antichità di Roma«, Erstausgabe 1554), die über 200 Jahre ein Standardwerk blieb. Ferner illustrierte er 1556 eine weitverbreitete italienische Vitruv-Übersetzung und veröffentlichte 1570 schließlich seinen eigenen, reich bebilderten Traktat »Quattro libri dell'architettura« (»Vier Bücher über Architektur«). Als Architekt wie auch als Theoretiker setzte Palladio Maßstäbe, zahlreiche glühende Verehrer (Vincenzo Scamozzi, Inigo Jones) hielten sein Architekturideal am Leben und wurden zu Begründern des Palladianismus, einer in Europa weit verbreiteten, bis ins 19. Jh. hinein lebendigen Palladiorezeption.

Leittypen der Renaissance-Architektur

Die Renaissance-Architektur ist in ihren Grundzügen ausgesprochen rational und transparent strukturiert. Sie besteht aus einer Aneinanderreihung weniger klarer geometrischer Grundformen: Kreis, Quadrat und Rechteck im Grundriss, Kugel, Halbkugel, Würfel, Quader und Zylinder im Bauvolumen. Das Ganze ist in durchdachter Weise proportioniert und bisweilen regelrecht von Theorie durchdrungen. Die verschiedentlich überlieferten Versuche, mit visuell-zeichnerischen, nicht selten auch realarchitektonischen Mitteln eine »Idealstadt«, eine ideale Kombination all dieser Elemente zu erzeugen, macht dies hinlänglich deutlich. Verbunden sind diese Grundformen mit antikisierenden Motiven: Säulen, Pilaster und Kapitelle in den verschiedenen Bauordnungen, Triumphbogenmotiv und überkuppelte Säle sind Verweise auf antik-römische Architektur. Auch das Äußere der Bauten sollte an die Antike erinnern: Hier dominierte eine massive Quaderbauweise, oft verbunden mit einer markanten Rustizierung der Sockelgeschosse, bei der die Quader nicht geglättet, sondern als Buckel ausgebildet erscheinen und dem Bauwerk einen wehrhaft-trutzigen Charakter verleihen.

Es sind drei herausragende Architekturtypen, die die Baukunst der Renaissance bevorzugt hat. Der Palazzo als ein Bautyp ist unmittelbares Produkt der politischen, ökonomischen und sozialen Struktur der norditalienischen Stadtstaaten der Zeit ab 1200. Er findet sich in zwei funktional voneinander scheidbaren

Das Gemälde von Pietro della Francesca, um 1470 entstanden, zeigt eine Idealstadt der Renaissance. Die klar strukturierten Bauten erheben sich auf mathematisch-exakt gerastertem Terrain. Die Kirche inmitten der palazzoartigen Häuser ist als antiker Rundtempel gestaltet. Idealstädte solcher Art wurden seit der Renaissance verschiedentlich realisiert. Am bekanntesten ist die sternförmig angelegte Festungsstadt Palmanova bei Udine, Norditalien, ab 1593 nach Plänen von Vincenzo Scamozzi erbaut.

Grundformen: als großzügig dimensioniertes öffentliches Bauwerk (meist in der Funktion des Rathauses)
oder als privater Residenzbau eines städtisch-aristo-
kratischen Clans. Viele Städte Norditaliens sind durchsetzt mit solchen Bauten, die mit ihren meist dreistöckigen Kubusformen – dem rustizierten Sockelgeschoss, dem darauf aufliegenden Piano nobile (dem
herrschaftlichen Wohntrakt) und einem abschließen-
den, niedrigen dritten Geschoss – noch heute wie Visi-
tenkarten der lokalen Aristokratie wirken. Der Bautyp
des Palazzo erlebte einen zweiten Höhepunkt im Barock des 17. und 18. Jh.: Nun erhob sich, wie etwa im
bourbonischen Neapel, ein gewaltiger Quaderbau um
einen Hof herum und wurde über ein kompliziertes
Treppenhaus erschlossen. Er diente nicht mehr nur einem Adelsclan als Residenz, sondern enthielt auch –
gewissermaßen als Kapitalanlage – zahlreiche Miet-
wohnungen.

Der Palazzo Medici in
Florenz, von Michelozzo
di Bartolommeo 1444–
64 erbaut, ist der Proto-
typ des dreistöckigen
Stadtpalazzos mit rusti-
ziertem Sockelgeschoss.

Besonderer Stellenwert kam dem Kirchenbau zu.
Der Reichtum der Städte war zugleich auch der Reichtum des Klerus. Die nahezu unbegrenzten finanziellen
Möglichkeiten waren die Grundlage für Kirchenbauten
von ungeheurer Dimension und von unabsehbarer zeit-
licher Dauer des Bauvorgangs. Generationen von Architekten fanden hier Arbeit; nicht selten wurde die
Leitung eines Kirchenbaus vom Vater an den Sohn wei-
tergegeben. Markenzeichen des Kirchenbaus der Renaissance ist einerseits die bis ins letzte Detail durch-
gestaltete Prunkfassade, darüber hinaus dann die
Kuppel, ein aus der römischen Antike entnommenes
Motiv, das sich am Pantheon in Rom (2. Jh. n. Chr.) in
idealer Form verwirklicht fand. Gerade das Motiv der
Kuppel bot Raum für Neuerungen, für Experimente und
konnte dabei Garant für ewigen Architektenruhm sein.
Filippo Brunelleschis waghalsige Überkuppelung des
Doms von Florenz, 1418–36 als Kuppel über oktogona-
lem Grundriss realisiert, wurde zum Maßstab aller Renaissance-Architekten. Prototyp der Renaissancekup-

Die Kuppel des Petersdoms erreicht über einem Durchmesser von 42 m eine Stichhöhe von 132 m. Sie ist unter der Bauleitung von Michelangelo nach 1547 als Variation eines Entwurfs von Bramante entstanden.

pel wurde die unter Michelangelos Bauleitung errichtete Rundkuppel des Petersdoms in Rom. Sie kopiert das römische Pantheon im Durchmesser, variiert jedoch den Querschnitt, indem sie nicht als echte Halbkugel ausgeformt ist (und dabei in ihrer Stichhöhe dem überkuppelten Raumdurchmesser entspricht), sondern gegenüber dem Raumdurchmesser stark überhöht und (anders als beim Pantheon) auch nach außen als markante, weithin sichtbare Bauform in Erscheinung tritt: ein Topos der Renaissance-Architektur, der später vielfach zitiert werden wird – in Gestalt der barocken Kuppel von St. Paul's Cathedral in London ebenso wie in der des klassizistischen Washingtoner Kapitols.

Nicht nur in Äußerlichkeiten wie etwa Bau- und Bildformen, auch in Fragen des Lebensstils nahm die Renaissance auf die Antike Bezug. Die in antiker Literatur vielfach überlieferte Lebenswelt der Aristokratie mit einem prächtigen Stadthaus und einer der Entspannung und Muße dienenden Villa vor den Toren der Stadt geriet den Wohlhabenden zum unmittelbaren Vorbild. Wie einst in der Antike, so war auch in der Gegenwart neben dem Stadtpalazzo eine bequeme Landvilla als ultimativer Fluchtpunkt aus der städtischen Hektik notwendig. Der Bau solcher Landvillen mit ihrem bisweilen exorbitanten baulichen Luxus, ihren kunstvoll

Die Brücke in Prior Park in Bath, England, ist ein Musterbeispiel für den englischen Neopalladianismus des 18. Jh.

gestalteten Gärten, ihrem »natürlichen« Ambiente war eine weitere herausragende Bauaufgabe für die Architekten der Renaissance. Im engeren Umkreis fast aller norditalienischen Städte finden sich solchen Villen zuhauf; als ein Meister des Villenbaus galt Palladio. Die Villa als Bauwerk und als Lebensform zugleich – selten ist die Antike derart umfassend rezipiert und dabei zum Maßstab aktuellen Lebens erhoben worden wie in der »villeggiatura« der italienischen Renaissance.

Englische und französische Schlösser des 16. Jh.
Weder Renaissance noch Barock – die in Frankreich und England im 16. Jh. weit verbreitete, in renaissancesken Formen und zugleich erheblicher regionaler Tradition verhaftete Repräsentationsarchitektur, die sich überwiegend im Bau von Schlössern und aufwendigen Landsitzen manifestierte, wird in der modernen Architekturgeschichte auf sehr verschiedene Weisen den kunsthistorischen »Leitepochen« zugeordnet. Zumindest aus historischer Sicht erscheint es sinnvoll, dies in ein Kapitel über die Renaissance einzubeziehen, aus sozialgeschichtlicher Sicht hingegen trifft eine Eingliederung dieser weitgehend im absolutistischen Königtum verwurzelten Bauphänomene in den Barock kaum weniger zu.

Die französischen »Renaissance«-Schlösser rund um Paris und entlang des Loiretals, dem bevorzugten Jagdgebiet des Hofstaates, sind insofern von der Renaissance der oberitalienischen Städte beeinflusst, als der französische Hof unter Franz I. (reg. 1515–47) und Heinrich II. (reg. 1547–59) eben von hierher Anregungen für die Möglichkeiten bezogen hatte, Architektur als Mittel der Selbstdarstellung, als ein symbolisches Medium herrschaftlicher Repräsentation zu nutzen. Der soziale Kontext war indessen ein völlig anderer: Keinen Stadtrepubliken mit einer im weitesten Sinne pluralistischen, miteinander wetteifernden Adelsgesellschaft galt es Ausdruck zu verleihen, sondern dem ei-

Schloss Chambord im Tal der Loire, zwischen Tours und Orléans gelegen, kombiniert den Stil des luxuriösen Landschlosses mit dem mittelalterlichen Festungsbau im inneren Kern. Es wurde 1519–59 errichtet, hier ist die Ansicht der Gartenfassade zu sehen.

genen königlichen Glanz. Fast alle Schlösser dieser Zeit entstanden in unmittelbarem Zusammenhang mit dem Pariser Hof, entweder direkt im Auftrag der Könige oder mittelbar im Auftrag höfischer Aristokraten. Selten waren die Bauten so groß dimensioniert und überreich architektonisch dekoriert wie Schloss Chambord, im Auftrag von Franz I. ab 1519 erbaut. Die Châteaus und Palais waren eigentlich eher architektonische Kleinodien (und nicht Megalomanien) wie die berühmten Bauten von Blois, Fontainebleau oder Chenonceau.

Mit maximal prunkvollem Baudekor ausstaffiert, erwiesen sie sich im Grundriss als eher klein und schlicht. Meist von quadratischer Form, umschlossen sie einen kleinen Innenhof, die Ecken flankierten Rundtürmchen mit kegelförmigen Dächern. Wohn-, Repräsentations- und Wirtschaftsräume waren durch ihren jeweils unterschiedlichen Bauaufwand klar voneinander unterschieden. Unverzichtbares Requisit war ein reich bepflanzter Ziergarten. Die französische Schlossbaukunst des 16. Jh. lässt sich, jenseits historischer Argumente, insgesamt nur in baulichen und konzeptionellen Details der Renaissance zuordnen; im Grundsatz entstammt sie eher der Gotik. Der »Typus« des verschnörkelten französischen Landschlosses findet sich als »nationale Ikone« bereits in Schriften des 14. und 15. Jh. zahlreich abgebildet und verweist auf eben diese Tradition.

Ebenfalls – und ebenso strittigermaßen – der Renaissance zugerechnet wird die Architektur des elisabetha-

Schloss Longleat in der Grafschaft Wiltshire, Südengland, wurde im Stil der Renaissance und in der Backsteintechnik der Tudorzeit ab 1572 erbaut.

nischen England. Auch hier verbirgt sich hinter dem Glanz einer kontinuierlichen Herrschaft (Elisabeth I., reg. 1558–1603) und der damit einhergehenden ökonomischen Prosperität zunächst wenig mehr als eine hoch repräsentative Ausformung nationaler Bautraditionen, was mit der italienischen Renaissance wenig zu tun hat (und auch hier eher ein Phänomen der – nunmehr britischen – Gotik ist).

Kern der »englischen Renaissance« ist der Tudorstil, benannt nach der Herrschern des Hauses Tudor (allen voran Heinrich VIII., reg. 1509–47). Dahinter verbirgt sich ein markant-ornamentaler Stil der Backsteinbautechnik. Backstein war zum einen die englische Alternative zum hier allgegenwärtigen Holzmangel, zum anderen ein Material, das sich wegen seiner Kleinteiligkeit ideal zur ornamentalen Formung von Baustrukturen eignete. Berühmtester Tudorbau, der zugleich die ornamentalen Möglichkeiten der Bautechnik wie aber auch die Herkunft des Stils aus der Gotik zeigt, ist Schloss Hampton Court westlich von London, unter Heinrich VIII. in den 1530er-Jahren begonnen. Das Muster elisabethanischer Renaissance in England verkörpert demgegenüber, in der Art eines gewollten Kontrastes bei grundsätzlich gleicher Bautechnik, das im Stil eines norditalienischen Renaissancepalazzos erbaute Schloss von Longleat in Wiltshire – ein perfekt proportionierter, dreistöckiger Baukörper mit Attikabrüstung, der sich auf nahezu klappsymmetrischem Grundriss erhebt.

Das Schloss kann als nationales Symbol Frankreichs gelten. Der Bau bei Saumur an der Loire zeigt sich im gotischen Gewand als akkurate Illustration im Stundenbuch des Duc de Berry, um 1480.

Palladianismus in Europa und den USA

Wohl kaum ein Architekt kann für sich in Anspruch nehmen, eine auch nur halbwegs mit Palladio vergleichbare Wirkungsgeschichte zu haben. Unsterblich machten ihn nicht allein seine zahlreichen Bauten, sondern auch seine Schriften über seine Bauten. Noch zu Lebzeiten und erst recht nach seinem Tod wurde Palladio zum viel bewunderten Stararchitekten – zum Impulsgeber für das, was die moderne Architekturgeschichte Palladianismus nennt. Ein großer Bewunderer Palladios war der Engländer Inigo Jones (1573–1652). 1613 bereiste er Italien und studierte dabei über mehrere Monate die Bauten Palladios in Norditalien ebenso wie die antiken Ruinen Roms. Jones transportierte den Stil Palladios nach England, wo er in zwei herausragenden Bauten, dem Queen's House in Greenwich (1629–35) und dem Banqueting House im ehemaligen Whitehall Palace von London (1619–22) die verbindlichen Muster englischer Palladiorezeption erstellte. In praktisch seinem gesamten Œuvre blieb Jones seinem Vorbild Palladio treu, und sein in England weithin beachtetes Wirken führte dazu, dass dieser Stil von der auf Jones folgenden Architektengeneration adaptiert wurde. Der Palladianismus wurde so zu einer wichtigen Wurzel des englischen Barockstils, wie er von Sir Christopher Wren, Nicholas Hawksmoor und John Vanbrugh im 17. und frühen 18. Jh. formuliert wurde.

Auch außerhalb Englands wurde Palladio im 17. Jh. intensiv rezipiert. Der Augsburger Stadtbaumeister Elias Holl (1573–1646) schuf zahlreiche Bauten in enger stilistischer Anlehnung an Palladio. Als eines seiner Meisterwerke gilt das vielgeschossige, mit einer Prunkfassade versehene Augsburger Rathaus. Palladianische Architektur entstand im 17. Jh in ganz Europa: Villen, Schlösser und öffentliche Bauten in Polen und Preußen ebenso wie in Schweden, Dänemark oder Finnland.

Eine zweite Stufe der Palladiorezeption ist die »Wiederentdeckung« der alsbald in Vergessenheit gerate-

Das Banqueting House in Whitehall, London, wurde 1619–22 von Inigo Jones erbaut. Das rustizierte Sockelgeschoss, der zweistöckiger Aufbau und die repräsentative Dachattika sind palladianische Baumuster.

nen Bauten der Palladianisten des 17. Jh. – dieser
»Neopalladianismus« bildet eine Frühfrom des auf die
Antike hin orientierten Klassizismus. Die architekturge-
schichtlich höchst bedeutsame Phase umfasst die ers-
te Hälfte des 18. Jh. und geht der Wiederentdeckung
der Antike Griechenlands voraus. Auch hier kamen die
Impulse zunächst aus England; verbunden mit dem
Neopalladianismus sind die Namen von Lord Burling-
ton (1694–1753) und Colen Campbell (1676–1729).
Insbesondere Campbell wurde berühmt für seine klas-
sizistischen, an der Antike gleichermaßen wie an den
Werken Palladios und den Mustern der italienischen
Renaissance orientierten Landhäuser und Villen. Sein
reich illustrierter Traktat »Vitruvius Britannicus« (Erst-
ausgabe 1715) wurde im frühen 18. Jh. zu einer Art
Lehrbuch zeitgemäßen Bauens.

Als eine nobilitierende architektonische Geste übertrug sich dieser Neopalladianismus auf frühe Bauten
Nordamerikas. Klassizismus dieser Art war hier begründet in der Ambition, dem eigenen Tun den An-
schein von Tradition und Geschichte zu verleihen. Nur
zum kleineren Teil wurde der amerikanische Klassizismus den englischen Vorbildern entnommen; bedeutender war hier die Baugeschichte Frankreichs mit ihrem
zwischen Renaissance und römischer Antike changie-
renden Barock-Klassizismus. Als ein Alberti vergleich-
bares, also quasi der Renaissance unmittelbar entstie-
genes »Universalgenie« galt Thomas Jefferson, dessen
architektonische Tätigkeit nicht unmittelbar von Palladio inspiriert war, sondern seiner umfangreichen Bibliothek entstammte. Seine Bauten (u. a. das Richmond
State Capitol, sein Landsitz Monticello sowie die University of Virginia bei Charlottesville) verweben auf
sehr komplexe Weise eine Form des Neopalladianismus, den französischen Renaissance-Barock und einen
englischen Frühklassizismus zu einer amerikanischen
Pseudotraditionsarchitektur, die Höhe- und Endpunkt
der Palladiorezeption zugleich ist.

Elias Holl erbaute 1615–
20 das Augsburger Rat-
haus. Nachdem im Zwei-
ten Weltkrieg das Bau-
werk vollständig zerstört
worden war, ist heute
die Rekonstruktion der
1960er-Jahre zu sehen.

Die Bibliothek der Uni-
versität von Charlottes-
ville, Virginia, USA,
wurde in palladia-
nischem Stil nach Plä-
nen von Thomas Jeffer-
son 1817–26 erbaut.

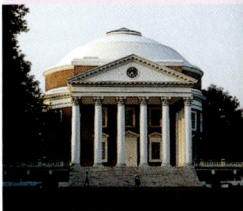

Die Architekturtheorie

Unter Architekturtheorie versteht man heute im Sinne einer lexikalischen Definition das Bestreben, die der Architektur zugrunde liegenden formalen wie semiotisch-symbolischen Gesetze normativ zu erfassen und vorbildhaft zu formulieren. Architekturtheorie speist sich dabei einerseits aus konkreten, historisch überlieferten Bauvorschriften und Bauanwendungen (z. B. hinsichtlich religiöser Symbolik oder in Bezug auf Konstruktions- und Proportionsnormen), darüber hinaus aus philosophischen und ästhetischen Aspekten, wobei das Ziel immer darin besteht, ein Ideal zu formulieren und zu begründen. Architekturtheorie ist im Medium der Schriftsprache bzw. der visuellen, meist zeichnerischen oder modellhaften Darstellung von Architektur angesiedelt, nicht jedoch Teil der realen Baukunst. Die Grenze zur in diesem Sinne grundsätzlich analogen Architekturfantasie ist dabei stets fließend.

Erste Ansätze einer Architekturtheorie finden sich in der klassischen Antike zumindest insoweit, als hier erstmals (wegen Überlieferungslücken im Detail aber kaum bekannte) schriftliche Abhandlungen von Architekten bezeugt sind: entweder über ihre eigenen Bauten oder aber – häufig in Form der Kritik – über die anderer. Zu den Pionieren zählten Theodoros von Samos sowie Chersiphron und Metagenes – Architekten des 6. Jh. v. Chr., die mit den großen ionischen Tempelbauten Kleinasiens (Artemis-Tempel von Ephesos, Hera-Tempel von Samos) zu verbinden sind. Waren deren Schriften in der Regel Darstellungen und Rechtfertigungen der eigenen Bauentwürfe, so gewinnen die Aufzeichnungen spätklassisch-hellenistischer Architekten Pytheos, Hermogenes u. a.) mit ihren grundsätzlichen Überlegungen zu einer idealen Form *(symmetria)* bereits den Charakter genereller Theorie. Vollständig erhalten und der Höhepunkt antiker Architekturtheorie ist das enzyklopädisch angelegte Werk des römischen Architekten Vitruv, dessen »Zehn Bücher über Architektur« um die Zeitenwende entstanden und die erstmals für die Architektur den Rang einer Kunst *(ars)* einforderten.

Vitruvs Werk wurde seit dem 12. Jh. zum Vademekum aller Architekten, geriet in der Renaissance dann, in einer Vielzahl von übersetzten und zugleich reich illustrierten Ausgaben, zum Grundstein aller Versuche, Architektur zu verwissenschaftlichen und zu systematisieren. Angefangen mit Alberti, schrieb nun jeder Architekt, der etwas auf sich hielt, mindestens einen architekturtheoretischen Traktat, nicht selten mit dem Problem der Säulenordnungen und der proportionalen Analogien von Architektur und menschlichem Körper im Zentrum, und fügte dem Werk möglichst zahlreiche Abbildungen bei – ob Serlio, Vignola, Filarete und Scamozzi in Italien oder Ryff, Blum und Ditterlin nördlich der Alpen.

Rasch gerieten auch praktische Bedürfnisse ins Zentrum der Architekturtheorie. An geometrischen Figuren orientierte »Idealgrundrisse« ebenso wie beispielhaft proportionierte Detailformen bildeten erste Vorläufer der seit dem späten 18. Jh. dann zunehmend weit verbreiteten und insbesondere auch in Kreisen von Amateurarchitekten geschätzten »Musterbücher« architektonischer Grundformen. Hier wie dort waren Kopie und Variation einmal vorhandener Zeichnungen üblich, ein Urheberrecht im heutigen Sinne gab es nicht. Und so fanden etwa die Zeichnungen eines Palladio oder Serlio, als getreue Durchpausungen oder aber als fantasievolle Variationen, in den Architekturbüchern des 16. bis frühen 19. Jh. weite Verbreitung.

Solchen praktischen Bedürfnissen weitestgehend abgewandt war die französische Architekturtheorie der Zeit des Absolutismus, die hier einen gewissen »retardierenden« Sonderweg nahm (der später jedoch enorm folgenreich werden sollte). Délorme, Pérrault oder Blundell sind Vertreter dieses »Akademismus«, begründet einerseits in der Tatsache, dass Architektur in Frankreich als Wissenschaft ein Teilgebiet der Académie Française war, andererseits darin, dass hier der Versuch unternommen wurde, die architektonischen Normen der italienischen Renaissance mit einer nationalen Architekturkomponente zu verbinden. Im Vordergrund standen hier zunächst Bauten, die in dogmatischer Weise den funktionalen und repräsentativen Ansprüchen des Absolutismus genügten: Architektur war eine höfische Kunst. Dieser starre Maßstab führte jedoch zugleich zu Überlegungen über Architekturformen für weniger privilegierte gesellschaftliche Gruppen und damit am Ende weg von der unreflektierten Verhaftung der Architektur in der antik-römischen Tradition eines Vitruv. Der französische Dogmatismus in der Architekturtheorie wandelte sich um die Mitte des 18. Jh. hin zu einem innovativen Denkansatz, der den auf antik-griechische Form- und Funktionstraditionen bezogenen Klassizismus mitbegründete (u. a. Laugier).

Mit der Kritik des Historismus und später des Jugendstils an den Normen der architektonischen Vergangenheit, insbesondere an denen des Klassizismus, hat sich die Architekturtheorie explosionsartig verästelt. Praktisch jede neue Architekturströmung von der Mitte des 19. Jh. bis in die unmittelbare Gegenwart geht mit einer Theoriebildung einher, die die jeweilige Strömung legitimiert, begründet und gegen Gewesenes oder Konkurrierendes abgrenzt.

Der Barock und sein historischer Kontext

»Der Barock spricht dieselbe Sprache wie die Renaissance, aber einen verwilderten Dialekt davon. Die antiken Säulenordnungen, Gebälke, Giebel usw. werden mit einer großen Willkür auf die verschiedenste Weise verwertet (…), manche Architekten komponieren in einem beständigen Fortissimo (…) In Ermangelung einer organischen Bekleidung verlangt man von dem, was in der Renaissance (…) Dekoration war, dass es Kraft und Leidenschaft ausdrücke; man will dies erreichen durch Derbheit und Vereinfachung (…) Eine nahe Folge dieser Derbheit war die Abstumpfung des Auges (…) Die Bauglieder kommen in Bewegung; hauptsächlich die Giebel beginnen (…) sich zu brechen, zu bäumen und in allen Richtungen zu schwingen (…) Es sind Fieberfantasien der Architektur.«

Mit solch wenig schmeichelhaften Worten beschrieb der Schweizer Kunst- und Kulturhistoriker Jacob Burckhardt in seinem 1855 erschienenen »Cicerone« den Barockstil und formulierte damit ein Negativurteil, das

1596–1650	**1701–14**
Lebte René Descartes (Rationalismus)	Spanischer Erbfolgekrieg, Spanien ge-
1611–32	langt mit der Inthronisierung Philipps V.
Regierte Gustav Adolf II. Wasa von	unter bourbonische Herrschaft
Schweden	**1713–40**
1603–1714	Regiert Friedrich Wilhelm I., König von
Regierte das Haus Stuart in England	Preußen, Nachfolger wird Friedrich II.
1648	der Große (1740–86)
Westfälischer Friede beendet	**1716–88**
den Dreißigjährigen Krieg	Lebte Karl IV., König von Neapel, als Karl III.
1642–46	**ab 1759**
Bürgerkrieg in England, 1660 Wieder-	König von Spanien
herstellung der Monarchie	**1740–80**
1638–1715	Regierte Maria Theresia von Österreich
Lebte Ludwig XIV. König von Frankreich	**1792**
1683	Hinrichtung Ludwigs XVI. im Zug der
Türken belagern Wien, 1699 Friede von	Französischen Revolution
Karlowitz mit den Türken	**1769–1821**
1672–1725	Lebte Napoleon Bonaparte
Regierte Peter I. der Große als Zar von	(als Napoleon I. 1804–14 Kaiser
Russland	von Frankreich)

er selbst zwar im Lauf der Jahre revidierte, das sich aber unter Kunstsinnigen als Geschmacksurteil bis in die jüngste Vergangenheit tradiert hat und erst in den letzten Jahren, etwa im Zuge der Tiepolobegeisterung, in eine grundsätzlich positivere Sicht gewendet wurde.

Barock – das ist der Stil des späten 16. bis mittleren 18. Jh., geprägt von expressivem Pathos und Ornamentreichtum, von geschwungenen Linien und Licht- und Schatteneffekten, von überbordendem Dekor, vergoldetem Stuck, schwebenden Putten und Farbenpracht. Barock ist nach heutigem Verständnis nicht allein ein Stil von Architektur, Plastik und Malerei, sondern eine universelle Kulturerscheinung, die Musik, Theater und Mode ebenso einschließt wie Möbeldesign, Buchillustration und Literatur. Diese Universalität, aber auch der seltsam eklektische Formenkanon dieses Stils ist, und das wiederum hat Jacob Burckhardt als einer der Ersten erkannt, nun etwas vollkommen Neues in der abendländischen Kulturgeschichte. Man kann über die Ästhetik des Barock, über seinen Blendwerkcharakter, über seine Funktion als imposante Kulisse kontrovers diskutieren. Man muss aber anerkennen, dass hier erstmalig die normative Kraft der Antike, wie sie die Kunst der Renaissance im 15. und 16. Jh. zuletzt verbindlich formuliert hatte, beinahe radikal überwunden wird.

Der Barock ist unmittelbares Resultat des Absolutismus und geht mit dieser Epoche Hand in Hand. Er versinnbildlicht Opulenz, Reichtum, Herrschaft Klerus und die oberen Stände. Insofern spiegelt er mit seinen Bauten und Bildern die Sozialstrukturen seiner Zeit, vor allem aber auch die enge Verzahnung kirchlicher und weltlicher Macht: Nicht von ungefähr sind es Kirchen- und Klosterbauten mit ihren Interieurs, die neben Schlössern, Residenzen, höfisch-prunkvoller Ausstattungskunst sowie profanen Repräsentationsbauten aller Art die Schwerpunkte des Stils bilden. Die Träger dieser Barockkultur sind dementsprechend Hof, Aristokratie und kirchliche Würdenträger.

Als Pionierbau des Barock gilt Giaccomo Barozzi da Vignolas Kirchenfassade von Il Gesù in Rom, ab 1568 erbaut. Sie wurde mit ihrem geschwungenen Aufbau zum Prototyp barocker Fassaden.

Noch in einem anderen Sinne aber ist der Barock ein Spiegel des Absolutismus, ja als Stil selbst absolutistisch-autoritär: In einmaliger Weise entwickelt hier ein Kunst- und Dekorationskonzept einen Alleinvertretungsanspruch, duldet keine Konkurrenz neben sich. Der Barock wird zum großen Gleichmacher. Kaum eine Kirche, sei sie noch so alt und ehrwürdig, blieb verschont. Alles Alte wird nun umgebaut, »barockisiert«. Mindestens das Interieur, allzu oft auch die Außenfassaden werden radikal in der »neuen Art« umgestaltet: geschwungene Giebelfassaden und Gesimse werden vorgeblendet, die schlanken Säulen, die die Kirchenschiffe im Inneren trennten, zu massigen und reich profilierten Pilastern umgeformt (und die Säulen dabei regelrecht verbaut), Tonnengewölbe und Kuppeln integriert, Profile aus vergoldetem Marmorstuck, Halbsäulchen und schwebende Engel hinzugefügt, Wände mit farbigen Steinplatten verblendet. Romanisch-langobardischen sowie gotischen Bauten und selbst Architekturen der Renaissance wurde durch diese massiven Eingriffe nicht nur ihr Gesicht, sondern ihre Geschichte genommen.

Ein berühmtes Beispiel für den englischen Barock ist die St. Paul's Cathedral in London. Sie wurde 1675–1710 von Sir Christopher Wren erbaut.

Der Barock hat seit dem späten 16. Jh. regional sehr unterschiedliche Ausprägungen erfahren. Keimzelle ist der Manierismus der Spätrenaissance in Italien. Entsprechend den politisch-historischen Konstellationen finden sich in Süditalien zumindest in der Architektur seit dem 17. Jh. jedoch überwiegend Elemente der überladen-klobigen spanischen Spielart (Pilarkathedrale von Saragossa, Santiago di Compostella). Nördlich der Alpen begegnet eine luftig-leichte, lichtdurchflutete Barock- und später Rokokoarchitektur, insbesondere in Süddeutschland (u. a. Würzburger Residenz, Wieskirche bei Steingaden) und Österreich. Wieder anders geartet ist der Barock in Frankreich: Hier dominiert, ähnlich wie auch in England, ein in der klassizistischen Tradition der Renaissance verhafteter Formenkanon.

Gestaltungstechniken des Barock

Ein markantes Kennzeichen zumindest des süddeutschen Barock besteht in den bis an die Grenzen des Illusionismus reichenden Gestaltungstechniken und der Verwendung von optisch täuschenden Materialien, hauptsächlich im Bereich der Innenausstattung. Betritt man eine Barock- bzw. Rokokokirche, wie etwa die Hauptkirche des Benediktinerklosters Ottobeuren im Unterallgäu, so wirkt die Pracht des Dekors zunächst schier überwältigend: Buntmarmore, Reliefarbeiten, metallisch blinkender Zierat und akkurate Gemälde in einer das Auge erschlagenden Fülle. Erst wer einer solchen barocktypischen Ausstattung prüfend nahetritt, wird

Das Innere der Klosterkirche von Ottobeuren zeigt eine typische Ausstattung des Spätbarock in der ersten Hälfte des 18. Jh.

das Blendwerk bemerken: Nicht Buntmarmor, sondern kunstvoll gestaltete Holzverkleidungen dominieren. Die präzise gemeißelten Reliefs wie auch die Details der Architekturornamentik entpuppen sich als gefärbter Stuck oder Holzschnitzerei, das Metallische als Holz oder ebenfalls als Stuck, mit Metallfarbe, allenfalls einer hauchdünnen Schicht Blattgold oder einer minimalen Versilberung appliziert. Und auch die von Ferne so imposanten Malereien zeigen von nahem ihren derben, groben Duktus – mit perspektivischen Tricks und Farbschichtungen allein auf Fernwirkung, auf die Täuschung des Auges bedacht.

Natürlich gibt es zahlreiche Barockbauten, bei denen die hier angeführten Ausstattungsdetails »echt«, also zumindest aus dem Material waren, das optisch so markant in Erscheinung tritt. Und dennoch gab es, mindestens in der Einschätzung der Zeitgenossen, kaum einen Unterschied zwischen »echt« und einem gelungenen »Imitat«. Das augentäuschende Imitat selbst war, wie das Trompe-l'œil in der Malerei, nun die Kunst, für die man bald mehr Geld zu zahlen bereit war, als eine ähnliche Ausstattung in echten Materialien gekostet hätte. Der Barock hat zahlreiche Berühmtheiten hervorgebracht, die sich meisterlich auf diese Blendwerktechniken, diese Imitate verstanden. Im süddeutschen Barock nehmen etwa die Wessobrunner Stukkateure, vor allem Mathias Schmuzer und sein Sohn Johann (zweite Hälfte 17. Jh.) und die an sie anschließende Schule (u. a. Johannes Schütz und die Familien Winkler und Üblher, erste Hälfte 18. Jh.) eine herausragende Stellung ein.

Unterstützt wurde das Barockblendwerk im Rauminneren durch eine raffinierte, durchdachte Lichtführung. Kirchen, aber auch die meisten profanen Repräsentationsbauten des Barock waren durch offensichtliche oder aber auch dem Auge zunächst verborgene Fenster opulent mit Tageslicht versorgt. Besonderer Wert wurde hier auf Streiflicht gelegt, das den durch Raumtiefe geprägten Reliefcharakter der Dekoration mittels Licht- und Schattenspielen besonders zur Geltung kommen ließ. Nicht selten bestimmte dieser Umstand und nicht etwa Gründe der Tradition die Ausrichtung der Bauten auf den Sonnenstand.

Ganze Stadtteile mit geschlossener barocker Bebauung, wie hier am Kleinen Ring in Prag, zeigen den Wohlstand großbürgerlicher Schichten des 18. Jh.

Ein in den Formen und Gestaltungsweisen ähnlicher Dekorativismus in nunmehr zwar wetterfester, dabei meist aber ebenfalls nicht »materialechter« Form findet sich an zahlreichen barocken Bürgerhäusern als äußerer Dekor angebracht – Stadthäuser eines wohlhabenden Bürgertums von nicht hoch aristokratischer Herkunft, das sich mittels solcher Bauten innerhalb der Städte immerhin als eine ökonomische, wenn auch nicht politisch-soziale Elite darstellen konnte. Gute Beispiele finden sich in einigen weitgehend geschlossen erhalten gebliebenen barocken Stadtbildern, etwa in Prag.

El Escorial, Versailles und die Reggia von Caserta

Neben der Kirchenarchitektur gilt die Schlossbaukunst als der weltliche »Höhepunkt« der Baugeschichte der Barockzeit. Die »großen Drei«, El Escorial bei Aranjuez, Versailles bei Paris und die Reggia von Caserta nahe Neapel, haben hier den Rang von »Musterstücken« erhalten: El Escorial, im 16. Jh. entstanden, als »Knospe«, Versailles (17. Jh.) als »Blüte«, Caserta (18. Jh.) als »Verfall« des barocken Residenzbaus. Eine solche Sichtweise, selbst wenn sie in Einzelheiten plausibel ist, limitiert jedoch das Gesamtverständnis von solchen Palästen in hochproblematischer Weise auf eine formale Dimension. Architekturkomplexe wie diese sind nicht allein und auch nicht in erster Linie als »Kunstwerke« zu betrachten und mit einem kunstimmanenten »Entwicklungsbegriff« zu beschreiben, sondern unter einer sozial- und gesellschaftshistorischen Perspektive zu sehen. In einer solchen Sicht gleichen sich El Escorial, Versailles und die Reggia von Caserta nun aufs Haar: Es sind ins Gigantische gesteigerte Trophäen der absolutistischen Auspressung einer Region – eine gemessen an den realen Bedürfnissen der damaligen Menschen ungeheure Verschwendung von Arbeitskraft, Material und Landschaft an eine Kulisse, die den Inszenierungen eines Hofstaates diente. Dieser bestand aus Adelscliquen, die in ihren Loyalitäts- und Ehrbezeugungen gegenüber dem König in grenzenlosem Opportunismus miteinander wetteiferten

El Escorial bei Madrid ist ein Musterstück frühbarocken Schlossbaus.

und meist von Lehensgaben des Königs, also auf Kosten Dritter, lebten und hier nur wenig mehr taten, als ihre dem Land und der bäuerlichen Bevölkerung abgepresste Grundrente in möglichst spektakulärer Weise zu verzehren. In diesem Sinn ist etwa die Reggia von Caserta nun gewiss nicht als Niedergang zu verstehen, sondern – ganz im Gegenteil –

Der Kupferstich um 1700 zeigt den gestalteten Absolutismus: die Idealstadt Versailles (Vordergrund), den gigantischen Königspalast (Mitte) und die akkurat geformten Gartenanlagen (hinten). Eine verkleinerte Kopie dieses Versaillesbildes war das Schlossbauprojekt von Karlsruhe, das sich bei der Planung auf Abbildungen wie diese bezog.

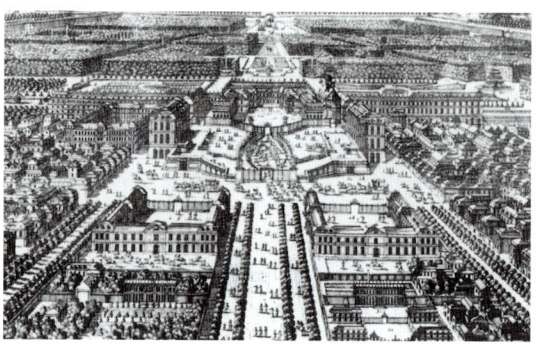

vielleicht sogar als der unübertroffene Höhepunkt absolutistischer Beutementalität. Feinsinnige Beschreibungen mit ziseliertem kunsthistorischem Fachvokabular sind, selbst wenn sie aus einer immanenten Sicht durchaus richtige Tatbestände treffen, geeignet, diese sozialgeschichtlichen Aspekte zugunsten eines dagegen eher hohlen Kunstbegriffs aus den Augen zu verlieren.

El Escorial, das Prachtschloss Philipps II., entstand seit 1563 im Süden Madrids. Architekten waren der im spanischen Neapel zuvor als Stadtsanierer erfolgreiche Juan Bautista Toledo (gest. 1567) und, als sein Nachfolger, Juan de Herrera (um 1530–97). Der im Vergleich zu den späteren Anlagen von Versailles und Caserta bescheiden dimensionierte Bau erstreckt sich auf einem nahezu quadratischen Grundriss von ca. 200 x 200 m. Auf diesem von Innenhöfen durchgliederten Geviert erstrecken sich Bauten mit sehr verschiedenen Funktionen. El Escorial ist kein »reines« Regentenschloss, sondern eine Kombination aus Residenz und Kloster, wobei die klösterlichen Trakte insgesamt dominieren. Die königlichen Gemächer bilden kaum mehr als einen Annex der zentralen Kirche und sind zum Garten, nicht zur Front hin orientiert. Diese in ihrer Art einmalige Verbindung von Sakralarchitektur und profanem Repräsentationsbau zeigte in höchst sinnfälliger Weise die enge Verzahnung von kirchlicher und weltlicher Macht im Spanien des 16. Jh.

Zum viel kopierten Prototyp barocker Schlossanlagen avancierte der Bau von Versailles bei Paris, unter Ludwig XIV. seit 1661 am Ort eines kleinen, zu Beginn des 17. Jh. entstandenen Wasserschlösschens erbaut. Nach den Plänen von Louis Le Vau entstand sukzessive, verbunden mit einer davor erbauten »Idealstadt«, eine gigantische Architekturszenerie. Die nunmehr fast 600 m lange Schlossfront wies einen U-förmigen Mitteltrakt und zwei ausgedehnte Seitenflügel auf, war also, anders als El Escorial, nicht mehr auf ein in sich zentriertes Quadrat ausgerichtet. Die den Hof rahmenden, später hinzugefügten Vorbauten erzeugten eine Tiefe der Anlage von über 400 m – eine bis dahin ungekannte Massierung von Architektur, die jeden Betrachter eingeschüchtert und das Credo des Bauherrn (»L'état c'est moi«, »Der Staat bin ich«) glaubhaft unterstrichen haben wird. Verbunden war das Schloss mit einer gigantischen Gartenanlage, die 1667 unter André Le Nôtre begonnen wurde – ein akkurates Reißbrettwerk in typisch französischem Stil, das mehr als 5 km^2 Landschaft wie mit dem Lineal umgestaltete.

Fast alle Versuche barock-absolutistischer Herrscher, mit eigenen Schlossbauten Versailles zu übertreffen, scheiterten. In verschiedener Hinsicht erfolgreich war hier jedoch der Bourbone Karl III., dessen neue, das »Stadtschloss« von Neapel ersetzende Residenz bei Caserta unter der Leitung von Luigi Vanvitelli zwischen 1752 und 1774 entstand. Der Bau folgt in seinem fast quadratischen Grundriss der Anlage von El Escorial, übertrifft sie mit knapp 300 m Fassadenlänge jedoch erheblich. Zwar fehlten dem Gebäude die langen Seitenflügel von Versailles, dennoch wurde der »Sonnenkönig« Ludwig XIV., wie die Überlieferungen zeigen, in »wichtigen« Details übertroffen: in der Zahl der Fenster (1742), der Zahl der Kamine auf dem Dach (1026), der Zahl der Räume (1200) und schließlich, wenn schon nicht in der Fläche, so doch in der Länge des Gartens (knapp 4 km).

Im Mittelpunkt barocker Residenzen wie dem Königspalast von Caserta, Italien, befindet sich das wie eine Bühne gestaltete Prunktreppenhaus. Hier wurden seinerzeit wichtige Teile des Hofzeremoniells vollzogen.

Im Schattenreich der Pracht

Das Fachwerkhaus, bestehend aus einem durch
Flechtwerk, Lehm oder Ziegel ausgefüllten Holzskelett,
ist Produkt einer regional unterschiedlich ausgeprägten Steinarmut und als eine funktionsfähige Bautechnik bereits seit der Antike bekannt. Es mag erstaunen,
diesen Bautyp hier im »Schattenreich der Pracht« an-
zusiedeln, denn seit dem 15. Jh. hat das Fachwerkhaus
in weiten Teilen Deutschlands, im Elsass und in der
Normandie, in Südengland, aber auch auf dem Balkan
eine Renaissance erlebt. Zahlreiche hoch repräsentative Bauten entstanden: Rathäuser (Melsungen bei Kas-
sel, Esslingen, Lüneburg) ebenso wie reiche Bürgerhäuser – üppig geschmückt mit Holzschnitzereien und
weiteren Dekorationen in Giebeln und den ausgemau-
erten Fächern. Ganze Stadtbilder (u. a. Goslar, Chester,
York) sind erhalten geblieben und prägen die Vorstellung vom Fachwerkhaus als einem Typus der städtischen Repräsentationsarchitektur des 16. und 17. Jh.

Die städtisch-prunkvolle Verwendung des Fach-
werks täuscht über die tatsächliche ländliche Herkunft
des »Baustils« indessen hinweg. Es waren die Katen
der armen Bauern oder Fischer, die in dieser grundsätzlich einfach und vor allem billig zu errichtenden
Technik erbaut waren: meist gänzlich ohne Dekor als
ein windschiefes, mit nur wenigen Fenstern durchsetz-
tes Holzgerüst, das flüchtig mit Lehm ausgefüllt war.
Das 17. und 18. Jh. ist eine von Landflucht charakte-

Im frühen 18. Jh. wurde
der Quai de la Poisson-
nerie am Rand der Alt-
stadt von Colmar, Frank-
reich, mit städtischen
Fachwerkhäusern der
kleinen Leute bebaut.

risierte Zeit, und so kommt es gerade in diesen Jahrhunderten in vielen Fachwerkstädten zu einer »zweiten Art« des Fachwerkbaus, die sich markant von den öffentlichen und privaten Fachwerkprunkbauten der Honoratioren abhebt. Kleine, geduckte, windschiefe, heute als pittoreske Fotomotive beliebte Zeilen von Fachwerkhäusern wurden nun, meist etwas abseits der Zentren, angelegt. Sie bildeten hier gewissermaßen eine Neustadt mit sehr schlicht gestaltetem Wohnraum für kleine Leute.

Im 16. und 17. Jh. führte die enorme Bevölkerungsballung in den Großstädten zu einer immer weiter voranschreitenden Verdichtung der Siedlungsflächen, zu einer immer eklatanter werdenden Knappheit von bebaubarem Raum. Ein Resultat dieser Verdichtung sind die in fast allen größeren Städten dieser Zeit anzutreffenden bewohnten Brücken: An beiden Seiten der Brücken erhoben sich, fast wie an einen Felsen geklammert, Wohnhäuser, oftmals bis zu vier oder fünf Geschosse hoch – waghalsige, allzeit von einem Einsturz oder Brand bedrohte Leichtbaukonstruktionen.

In ständigem Verkehrslärm hauste hier die mittellose Bevölkerung in ärmlicher Weise. Die heute so malerisch wirkenden Bilder und Beschreibungen solcher Wohnbrücken, wie es sie insbesondere in Paris und London in großer Zahl gab, oder der heute edle Ponte Vecchio in Florenz verklären eine aus heutiger Sicht bedrückende, höchst beengte Wohnsituation.

Der Pont au Change in Paris war eine bewohnte Brücke. Die fünfstöckige Bebauung wurde nach 1786 wegen akuter Gefährdung der Statik abgerissen (Gemälde von Nicolas und Jean-Baptiste Raguenet, 1756).

Der idealistische Umbau der Natur

Ein Kennzeichen des Barock ist der rigoros gestaltende Umgang mit Natur. Die Umformung vorhandener Gegebenheiten, sei es zwecks Errichtung von Bauwerken oder bei der Anlage von Gärten, bekommt in jenen Jahrhunderten nachgerade den Charakter einer kulturellen Omnipotenz, einer bedingungslosen Herrschaft des Menschen und seines Wirkens über die Natur. Diese Vorstellung von menschlicher Allmacht hat es bereits in der Antike in umfassender Weise gegeben. Schon die Idee des hellenistischen Architekten Deinokrates, den Berg Athos zu einem gigantischen Alexanderbildnis umzuformen und den makedonischen König dabei eine ganze bewohnte Stadt in der Hand halten zu lassen, steht in dieser Tradition. Besonders markant kommt dieser Aspekt bei der römischen Villenarchitektur mit ihrer komplexen gedanklichen wie gestalterischen Verbindung von Landschaft und Architektur zum Tragen. Villen erhoben sich bevorzugt an Standorten, die einen weiten Ausblick in die Landschaft gewährleisteten. Wie wichtig dieser Aspekt war, wird daraus ersichtlich, dass, um ein Landschaftspanorama zu kreieren, Villen vielfach auf entsprechend gezielt ins Gelände gefrästen Terrassen oder eigens hierfür geschaffenen künstlichen Plattformsubstruktionen erbaut wurden, wenn ein natürlicher Standort diese Vorzüge nicht mitbrachte.

Der Blick in die Landschaft wurde nun in das System der Raumfluchten eingebunden, ja von den Baulichkeiten förmlich vereinnahmt und gerahmt. Es entstanden so imposante Durchblicke, fast im Stil von Theaterkulissen – Durchblicke, die überdies durch illusionistische Wandmalereien jenseits der Fenster und Blicköffnungen ergänzt und fortgeführt wurden.

Zugleich wurde Landschaft in das Funktionskonzept der Villa integriert, und dies ebenfalls in Form künstlicher Schöpfung, wenn die natürlichen Gegebenheiten ungünstig waren: Gärten wurden mit aufgeschütteten Hügeln versehen, Teiche ohne Rücksicht auf geeigneten Grund angelegt (bisweilen sogar in den Fels geschlagen), Grotten, notfalls extra geschaffen, dienten als Speiseräume, Felsüberhänge als Schattenspender, ein – nicht selten umgelenkter – Bach plätscherte durch das Areal. Natur wurde auf diese Weise »vervollkommnet« und zum idealen Bestandteil der Kultur – ein markanter Zug der umfassenden Militanz des römischen Naturverständnisses. Römische Ingenieure machten in diesem Sinn die Erde vollständig untertan, versetzten oder durchtunnelten Berge, führten Brücken über Täler und Flüsse, schlugen Straßen in schnurgeraden Schneisen durch die Landschaft, legten Sümpfe trocken und rühmten sich ob solcher Taten als Beherrscher und Verbesserer der Welt.

Der schnurgerade römische Straßentunnel des 1. Jh. n. Chr. durch den Posilipp verband Neapel mit der Via Domitiana, die von den Häfen Miseno, Puteoli und Baiae nach Rom führte. Er wurde bis ins 19. Jh. hinein genutzt (Gemälde von Anton Sminck Pitloo, 19. Jh.)

Diese antike Idee von der Natur als formbarer Masse wird im Barock aufgegriffen und in bizarrster Weise gesteigert. Ein berühmtes, in seiner Zeit viel bewundertes Beispiel ist die Umgestaltung der Isola Bella im Lago Maggiore unter Karl III. Borromäus um die Mitte des 17. Jh. Die einst unscheinbare Insel wurde dabei ihrer Natur vollkommen beraubt und zu einer Art Schiffspalast umgebildet: Die Kontur der Insel, einst ein flacher Geröllfelsen, wurde, wie mit dem Lineal gezogen, länglich ausgeformt, das Ganze dann mit ungeheurem Aufwand durch Abtragungen und Aufschüttungen terrassiert und in eine bis zu zehnstöckige Palast- und Garteninsel verwandelt. Die Isloa Bella ähnelte fortan einem vor Anker liegenden, megalomanen Kunst-Natur-Schiff.

Besondere Belege für die barocke Vorliebe gestalteter Natur sind schließlich die im 16. Jh. in Frankreich erstmals auftretenden Kunstgärten, eben deshalb auch als »französischer Garten« geläufig: geometrisch ausgeformte Rabatten und Baumreihen, skulptural zugeschnittene Hecken und künstliche Bäche mit Kaskaden, Wasserbecken, Brunnen, Fontänen und ausgekiesten Wegen. Einer der bedeutendsten Gartenbauarchitekten des Barock und ein Protegé von Ludwig XIV. war André Le Nôtre (1613–1700), der u. a. den Schlosspark von Versailles nach zuvor detailliert ausgearbeiteten Plänen wie eine Architektur anlegte.

Die »Revolutionsarchitektur«

Revolutionsarchitektur – dieser vom Architekturhistoriker Emil Kaufmann (»Von Ledoux bis Corbusier«, 1933) geformte und verbreitete Begriff ist insofern irreführend, als hiermit keine fest umrissene
Architekturepoche bezeichnet wird. Es handelt sich
lediglich um ein Schlagwort, das die immensen architektonischen Neuerungen des späten 18. Jh. beschreiben wollte. Auch wenn die Protagonisten dieser Revolutionsarchitektur Franzosen wie Claude-
Nicolas Ledoux und Etienne-Louis Boullée waren,
so umgreift dieser Begriff gleichermaßen deutsche

1776–83
Nordamerikanischer
Unabhängigkeitskrieg
1789
Proklamation der ame-
rikanischen Verfassung,
George Washington wird
1. Präsident, Washington
wird 1790/91 Hauptstadt
1814–15
Wiener Kongress, Neuord-
nung der europäischen Verhältnisse, Kongress von
Karlsbad wird von Fürst
Metternich zur Unterdrüc-
kung von Unruhen in
Deutschland einberufen,
antiliberale Restauration
1830
Pariser Juli-Revolution
1833
Gründung des Deutschen
Zollvereins
1837–1901
Regierte Königin Victoria
von England (Viktoria-
nisches Zeitalter)
1840–42
Englischer »Opiumkrieg«
mit China

1847
Karl Marx veröffentlicht »Das
Kommunistische Manifest«
1848
Revolutionen in Frankreich,
im Deutschen Bund und
in Österreich sowie in den
Niederlanden und Dänemark
1849
Friedrich Wilhelm IV. lehnt
die ihm von der Frankfurter
Nationalversammlung ange-
botene Kaiserwürde ab, Versuch der Einigung Deutschlands scheitert
1859/60
Italienischer Einigungskrieg;
der Nationalstaat, Italien entsteht (seit 1861 unter König
Victor Emanuel II.
1861
Ausbruch des amerikani-
schen Sezessionskriegs,
1863
Abschaffung der Sklaverei
1870/71
Deutsch-Französischer
Krieg, Proklamation des
Deutschen Kaiserreichs
in Versailles

Frühklassizisten wie etwa Friedrich Weinbrenner oder Friedrich Gilly.

Revolutionsarchitektur setzte auf zwei eigentlich widerstrebende Komponenten: vorausschauende Utopie und rückwärtsgewandter Klassizismus, beides in fein austariertem theoretischen Zusammenhang. Revolutionsarchitektur ist insgesamt weniger gebaute, realisierte Architektur als vielmehr Architekturtheorie – und damit hauptsächlich in Entwürfen und Konzepten überliefert. Sie formulierte einen Gegenpol zum absolutistischen Barock, ohne sich indessen grundsätzlich davon zu lösen. Der formale Rückgriff auf die Antike war in eben diesem Barock, insbesondere der französischen Spielart, verhaftet. Übergeordnetes Ziel war eine »sprechende Architektur« – expressive Bauten, deren Gestaltung sich dem Betrachter unmittelbar erschließen sollte. Revolutionsarchitektur war in diesem Sinne nichts völlig Neues. Die französischen Architekten Ledoux und Boullée haben die Wurzeln ihres Schaffens sowohl in der absolutistischen Ära Frankreichs, den Dekaden vor 1789, als auch im akademischen Konzept einer *architecture parlante*. Entsprechend schwankt die heutige baugeschichtliche Zuordnung der Revolutionsarchitektur wie auch die des Œuvres einzelner Architekten zwischen Spätbarock und Frühklassizismus.

Claude-Nicolas Ledoux entwarf das Eingangstor zur Salinenstadt von Chaux, das 1773–78 erbaut wurde (Stich des realisierten Baus, um 1810).

Utopische Architekturfantasien

Das Wandgemälde in Freskotechnik aus einer vom Vesuv verschütteten Villa bei Boscoreale (2. pompejianischer Stil, entstanden um 50 v. Chr.) zeigt eine illusionistische, einstmals mit einer realen Blickachse in die freie Natur kombinierte Architektur-Ideallandschaft.

Ideale Architektur in ideal gestalteter Landschaft bildet ein Motiv, das Architekten, Dichter und malende Visionäre nicht nur in der Romantik des 19. Jh., sondern zu fast allen Zeiten fesselte – als beglückende Vorstellung von einem friedlichen Idyll inmitten einer paradiesischen Welt, aber nicht selten auch als ein Merkmal despotischen Allmachtempfindens. Bereits in der Antike gab es Architekturvisionen dieser Art. Überliefert ist, dass der griechische Architekt Deinokrates sich mit dem Vorschlag an Alexander den Großen gewandt habe, den Berg Athos zu einer riesigen, bewohnten Skulptur umzumeißeln: Ein majestätisch thronender Alexander sollte seine Linke schützend über eine aus dem Berg herausgeschälte, bewohnte Stadt halten. Der österreichische Barockarchitekt Johann Bernhard Fischer von Erlach griff diese Idee auf und »realisierte« sie in Form einer großformatigen, fantasiereichen Zeichnung.

Architektur als Ideal ist dann ein großes Thema in der antik-römischen Wandmalerei. Illusionistische Blicke in die Ferne, in lichtüberflutete Gär-

Der prominente Barockarchitekt Johann Bernhard Fischer von Erlach zeichnete seine Vorstellung von der Vision des Athos-Projekts des antiken Architekten Deinokrates und druckte sie in seiner Schrift »Entwurff einer historischen Architektur« von 1721.

Leo von Klenzes Gemälde »Athen im Altertum« von 1862 ist eine fiktive Ansicht der antiken Stadt. Einzig die mit rekonstruierter Architektur bestandene Akropolis im Hintergrund ist bauliche Realität.

ten mit kleinen Architekturen, Blicke auf kompliziert verschachtelte, fantastisch verschnörkelte Villenbauten finden sich in großer Zahl. Am prominentesten ist der heute zum Teil im New Yorker Metropolitan Museum of Art befindliche Wanddekor einer Villa aus Boscoreale nahe Pompeji.

Angeregt von solchen Architekturfantasien, aber auch von zahlreichen literarischen und gemalten Fiktionen der Renaissance und des Barock, wird die effektvolle Visualisierung von utopischer Baukunst in der klassizistisch geprägten Romantik des 19. Jh. zu einem wichtigen Betätigungsfeld der Architekten. Hier ließ sich ohne großen materiellen Aufwand nicht nur akademische Bildung zeigen, sondern zugleich handwerklich-malerisches Geschick wie auch die eigenen Ideen und Konzepte. Ein Meister solcher Architekturfantasien, die zwischen einer romantischen Perspektive in der Art von Caspar

David Friedrich und einer eigenen, realen Baukonzeption changierten, war Schinkel. Seine in Plänen und detaillierten Ansichten ausgearbeiteten Projekte für ein Königsschloss auf der Athener Akropolis oder für den Zaren bei Orianda auf der Krim wurden nicht realisiert – und sind dennoch fast die Hauptstücke in seinem ansonsten die ausgeführten Bauten abbildendem Buch »Werke der höheren Baukunst« von 1845. Bei aller Rivalität war auch der Bayer Klenze in dieser Hinsicht ein Seelenverwandter Schinkels. Sein Prunkgemälde »Athen im Altertum« bildet in seiner antikisierend-historisierenden Auffassung einen Kontrast zu Schinkels schwärmerischer Idee des Akropolispalastes, bedient sich dabei jedoch ebenfalls einer letztlich mit Schinkel vergleichbaren romantisch-utopischen Vision – nicht von einer idealen Gegenwart, sondern von einer idealen Antike.

Friedrich Gilly entwarf 1796 das Nationaldenkmal für Friedrich den Großen. Der Titel der Zeitschrift »Die Baukunst – Kunst im deutschen Reich« von August/September 1942 visualisiert die Bedeutung von Konzepten der Revolutionsarchitektur für die nationalsozialistische Repräsentation.

Gegen den ornamental verspielten Barock richtet sich in der Revolutionsarchitektur vor allem ein rational motivierter Hang zu präziser Geometrie. Dies war die Grundlage für noch heute futuristisch anmutende Konzepte. Boullées Entwurf für einen Kenotaph, ein Ehrendenkmal für den von ihm abgöttisch verehrten Physiker Sir Isaac Newton, übrigens im vorrevolutionären Paris des Jahres 1784 entstanden, formt eine riesige, außen ummantelte, im Inneren betretbare und kathedralenartig ausstaffierte Kugel – zugleich auch eine höchst sinnfällige Architektur, denn Newton als »Erläuterer« der Kugelform der Erde war hier treffend charakterisiert. Boullée avancierte mit diesem Entwurf zu einem Vorreiter architektonischer Megalomanie, ebenfalls ein Charakteristikum der Revolutionsarchitektur: Seine Kugel sollte 150 m durchmessen!

Die im Gegensatz zu Boullée vielfach realisierte Architektur von Claude-Nicolas Ledoux gilt als Musterbeispiel der Mischung von frühklassizistischem Utopismus mit einer *architecture parlante*. Zahlreiche seiner Frühwerke (u. a. die Hoffassade des Hôtel d'Uzès, Paris) sind im absolutistischen Barock verhaftet. Seit den 1770er-Jahren häufen sich jedoch utopische Konzepte, die – wie etwa die als Idealstadt geplante Saline von Chaux bei Arc-et-Senans – weitgehend nach seinen Plänen realisiert wurden.

Den geometrisch-utopistischen Prinzipien der Revolutionsarchitektur, keineswegs aber der Idee einer antiabsolutistischen Revolution folgt Friedrich Gillys Entwurf eines Nationaldenkmals für Friedrich den Großen: Der in diesen Jahrzehnten gerade wiederentdeckte klassisch-griechische Tempel in Gestalt des Parthenon erhebt sich auf hoher, Ehrfurcht gebietender Substruktion – ein Musterstück des deutschen Klassizismus, der allen »revolutionären« Gedanken abhold ist und hier bereits zur obrigkeitskonformen Statusmetapher gewandelt erscheint. Geradezu spielerisch leicht wirkt dagegen die Idee des Schweden Carl August Ehrensvärd (1745–1800), das Portal einer Werft in Karlskrona mit einem überdimensionierten dorischen Joch zu überspannen.

Die Revolutionsarchitektur zeitigte erhebliche Wirkungen: Sie hat mit ihrer Megalomanie und ihrer kalkulierten Rationalität totalitäre Architekturvorstellungen der deutschen Nationalsozialisten und italienischen Faschisten ebenso beeinflusst wie die Futuristen und die sowjetische Avantgarde. Die utopistischen Konzepte haben darüber hinaus Formen und Funktionsprinzipien der Ingenieursarchitektur (vom Eiffelturm bis zu den Raketenabschussrampen von Cape Kennedy) maßgeblich geprägt. Das Prinzip einer *architecture parlante*, wie es Ledoux wegweisend formulierte, wurde, etwa in Gestalt der verkürzten, als extrem »belastet« gekennzeichneten dorischen Säulenreihe über einem darunterliegenden Gewölbeeingang, zur Metapher des »unter das Joch geschickten« Delinquenten im Gefängnis- und Gerichtsbau des 19. Jh. (z. B. Eingang zum Frauenzuchthaus von Würzburg von Peter Speeth, 1810).

Carl August Ehrensvärd entwarf das Portal für eine Werft im Ostseehafen von Karlskrona, Südschweden (gefärbtes Holzmodel, 1785).

James Stuart und das »Greek Revival«

Seit der Frührenaissance war die Architektur der Antike das alles überlagernde Vorbild für zeitgemäßes Bauen und Fixpunkt jedweder theoretischen Auseinandersetzung mit Architektur. Das in diesen Jahren etablierte Bild von antiker Architektur fußte indessen tatsächlich nur auf einem Ausschnitt der Antike, nämlich auf der in vielen bekannten und oft besuchten Denkmälern überlieferten Architektur des römischen Altertums. Das antike Griechenland mit seinen Bauten war eine vollkommen unbekannte Größe. Das Land lag im Abseits des Osmanischen Reiches und war praktisch unbereisbar. Erst Forschungsexpeditionen des 18. Jh., motiviert durch ein aufklärerisches Interesse für das demokratische Griechenland der Klassik, führten zu einer »Wie-

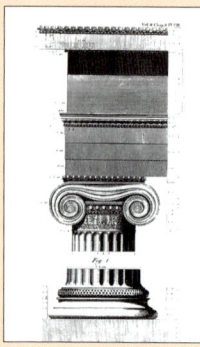

Die Säule und das Ge-
bälk vom Erechtheion
der Athener Akropolis,
spätes 5. Jh. v. Chr.,
können als Musterbei-
spiele griechisch-ioni-
scher Architektur gelten
(Tafel aus den »Antiqui-
ties of Athens«, Bd. 2,
1787).

derentdeckung« Griechenlands, damit dann auch zu einer Wiederentdeckung »reiner« antik-griechischer, nun
nicht mehr römisch-veränderter Bauformen und Archi-
tekturmuster, die dann schlagartig Eingang in die Architektur des 18. und 19. Jh. fanden.

Den Startschuss markierte die Entdeckung der drei
gut erhaltenen dorischen Tempel von Paestum in Süditalien, einstmals Zier einer griechischen Koloniestadt,
dann seit Jahrhunderten in schilfüberwuchertem
Sumpf verborgen und in den 1740er-Jahren per Zufall
wiederentdeckt. Erstmals trat griechisch-dorische Architektur zum Vorschein – eine Bauordnung, die in ihrer originalen Form in die antik-römische Architektur
praktisch keine Aufnahme gefunden hatte und deshalb unbekannt war. Zwei um den Erfolg konkurrieren-
de Expeditionen nach Griechenland ergänzten dieses
neue Wissen. Der Franzose LeRoy bereiste Griechenland 1755; sein mit zahlreichen Detailzeichnungen
versehenes Buch »Les Ruines de plus beaux monu-
ments de la Grèce« erschien 1758 und machte weltweit Furore. Erheblich aufwendiger war das Unternehmen der Londoner Society of Dilettanti: Sie beauftra-
ge 1750 zwei Architekten – James Stuart und Nicholas
Revett – mit einer akribischen Bestandsaufnahme der
antiken Bauwerke Athens und Attikas. Das prunkvolle,
reich bebilderte Foliowerk »Antiquities of Athens« war
das Resultat dieser mehrjährigen Reise. Die vier Bän-

Bedeutende Architekten des englischen »Greek Revival«
1753–1837   John Soane
1780–1876   Robert Smirke
1752–1835   John Nash und die Schotten
1790–1857   William Playfair
1784–1858   Thomas Hamilton
1817–1875   Alexander Thomson

Bedeutende Architekten des amerikanischen »Greek Revival«
1764–1820 Benjamin H. Latrobe
1787–1854   William Strickland

de waren indessen nicht sofort greifbar, sondern erschienen wegen technischer Probleme in großem zeitlichem Abstand 1762–1816.

Mit dem Namen James Stuart ist nun nicht nur die Erforschung der Architektur des antiken Griechenland, sondern auch die Adaptation originärer antik-griechischer Baumuster in die Gegenwartsarchitektur verknüpft – das »Greek Revival« nahm als Baustil mit Stuarts frühen Bauten (Gartentempel von Hagley Park, 1759, und von Shugborough Park, 1761), vor allem aber mit der enormen gesellschaftlichen Akzeptanz antik-griechischer Baumuster als Leitformen für Würde und aufgeklärten »Freiheitssinn« seinen Anfang. Der ob seines Faibles für klassische dorische und ionische Formen bald »Athenian Stuart« Genannte avancierte zum Vorbild und zur Inspirationsquelle einer ganzen Architektengeneration, die England und Schottland mit Bauten in antik-griechischem Stil überzog.

Die im 18. Jh. publizierten Detailzeichnungen von antik-griechischen Bauordnungen fanden schnell Eingang in die Musterbücher amerikanischer Architekten. Die griechischen Formen traten hier ergänzend neben einen seit Thomas Jefferson präsenten Klassizismus, der im Sinne der französischen Architektur eines Gabriel oder Soufflot am antiken Rom und der italienischen Renaissance orientiert war (und in dieser markanten Stilmischung einen dezidierten Alternativentwurf zur

Im Stil des amerikanischen »Greek Revival« wurde die Fassade des Alten Patentamtes (»Old Patent Office«) in Washington DC, USA, von Robert Mills 1836–40 erbaut. Den Eingang ziert eine achtsäulige dorische Tempelfront, die dem Parthenon auf der Athener Akropolis nachgestaltet ist (Daguerrotypie von 1846).

Das von Imai & Keller Architects Inc. 1994 entworfene dorisches Eingangsportal in Watertown, Massachusetts, USA, zeigt beispielhaft den amerikanischen Neoklassizismus der Gegenwart.

Architektur des englischen Gegners im Kampf um staatliche Unabhängigkeit formulierte). Das amerikanische »Greek Revival« der Dekaden vor 1860 begegnete an Staats- und Verwaltungsbauten, vor allem aber an repräsentativen Bürgerhäusern. Es war eine wichtige Ausdrucksform wirtschaftlicher Prosperität und damit verbundener sozialer Statusdemonstration.

Das »Greek Revival«, die Hinwendung zeitgenössischer Architektur zur griechischen Antike, war die Initialzündung des Klassizismus des 19. Jh. Auf diesen Klassizismus greift ein aktueller Neoklassizismus zurück, der hauptsächlich in den USA als »sinnstiftende« Gegenbewegung zu den vermeintlichen Verwirrungen der Postmoderne verbreitet ist.

Klassizismus in Preußen und Bayern

Das »Greek Revival« war im angelsächsischen Raum eng mit Vorstellungen von bürgerlicher Freiheit und demokratisch-parlamentarischer Staatsform verbunden. Der auf Griechenland rekurrierende Klassizismus des späten 18. und 19. Jh. in der Architektur, wie er sich in Preußen und Bayern ausprägte und dort nicht minder vorbildhaft wurde, wandelte sich demgegenüber bald von einer zukunftsorientierten Vision (wie sie etwa Herder in seiner »Plastik« formuliert hatte) zu einer reaktionären Geste monarchisch-autoritärer Repräsentation – griechisches Formengut erwies sich auch in diesem Sinne als ideal verwendbar. Was in Preußen und Bayern unter dem Banner des Klassizismus entstand, waren national geprägte Staatsbauten und -denkmäler, Bauten der Obrigkeit, die den Beherrschten Würde und Tugendhaftigkeit der Herrscher, die Dauerhaftigkeit der Monarchie und die Idee ewiger nationaler Größe vermitteln sollten. Gerade die neu entdeckte dorische Bauordnung schien mit ihrer Solidität verkündenden Schnörkellosigkeit und ihrer vermeintlich unerschütterlichen Tektonik hierfür bestens geeignet.

Hauptprotagonist eines preußischen Klassizismus war Karl Friedrich Schinkel. Ausgebildet an der von Friedrich Gilly geleiteten Berliner Bauakademie, kam Schinkel früh nicht nur mit der »reinen«, formalen Lehre des Klassizismus, sondern auch mit den utopisch anmutenden Konzepten der Revolutionsarchitektur in Kontakt. Als Architekt konnte er zunächst nicht reüssieren; seine Begabung als Maler und Designer von Bühnenbildern gewährleistete ihm aber ein gutes Auskommen. Sein architektonisches Œuvre beginnt erst 1816, nachdem er, protegiert von Wilhelm von Humboldt, eine Stelle in der Preußischen Baubehörde erhielt, deren Leiter er 1830 wurde. Schinkels frühe Bauten, darunter vor allem die Neue Wache, das Alte Museum und das Schauspielhaus am Gendarmenmarkt in Berlin, spiegeln bereits die klassizistische Law-and-Order-Mentalität der sich neu formierenden Monarchie in der Zeit nach dem Wiener Kongress. Bauten wie diese avancierten schließlich zum Symbol der nationalen Größe Preußens. Schinkel blieb zeitlebens ein »Wanderer zwischen den Welten«, der neogotische Formen ebenso wie die strenge Romanik rezipierte. Man kann Schinkel durchaus als frühen Historisten verstehen, der verschiedene Baustile je nach Bedarf verwendete. Neben seinen Bauten sind zahlreiche ans Fantastische grenzende Entwürfe und Bauvi-

Leo von Klenze erbaute 1846–62 die Propyläen am Königsplatz in München. Das Tor kopiert die Propyläen des Mnesikles von der Athener Akropolis, erbaut um 440/30 v. Chr. (Gemälde Klenzes, 1848).

sionen erhalten, die seine Wandlungsfähigkeit und seine Kreativität eindrucksvoll belegen.

Ganz anders hingegen Leo von Klenze. Seit 1818 bayerischer Hofbauintendant unter Ludwig I., war er durch und durch ein Mann des Staates – seinem König und dessen Interessen bedingungslos verpflichtet. Eine besondere Aufgabe für seinen Klassizismus war die enge Verbindung zwischen Bayern und dem vom »Türkenjoch« befreiten Griechenland: Otto von Wittelsbach wurde 1835 erster griechischer König. Athen und München wurden zu Schwerpunkten von Klenzes Tätigkeit. Dabei geriet München fast wie im Zeitraffer unter seinem architektonischen und organisatorischen Geschick zum »Isar-Athen«: Die Propyläen und die Rahmenbebauung des Königsplatzes, die Ruhmeshalle, zahlreiche bautengesäumte Straßenachsen sowie verschiedene Museen ließen eine Metropole München entstehen, die sich mit europäischen Zentren wie Paris und London, aber auch Berlin messen lassen konnte. Dabei dominierte zunächst der auf die griechische Antike ausgerichtete Klassizismus. Später bediente sich auch Klenze weiterer historischer Stile (in München: romanisch-byzantinische Allerheiligen-Hofkirche, renaissanceske Bebauung der Ludwigstraße, Münchner Residenz im Florentiner Stil, der Festsaal in antik-römischem Stil). Zu den Hauptwerken Klenzes zählen darüber hinaus die zum Ruhm Bayerns erbaute Walhalla bei Regensburg und die nicht minder national beseelte Befreiungshalle bei Kehlheim (1839–51). Das sind Musterstücke der Rezeption antik-griechischer und antik-römischer Architektur: Die Walhalla kopiert den Parthenon der Athener Akropolis, die Befreiungshalle das Mausoleum des Theoderich in Ravenna.

Nicht minder folgenreich war Klenzes Wirken in Athen, wo er bald die gestalterischen Zügel in die Hand nahm. In seinem Umfeld zog es weitere klassizistisch gesonnene Architekten hierher, deren Ziel es war, eine moderne Residenzstadt in möglichst authentischem

Stil der griechischen Antike zu errichten. Klassizisten wie Friedrich Gärtner, die dänischen Brüder Hans-Christian und Theofil Hansen und der Österreicher Ernst Ziller waren hier tätig. Auf Klenze geht die Gesamtplanung der Athener Neustadt mit ihren Achsen und Plätzen im Norden der Akropolis zurück, und sein Einfluss zeigte sich in besonderer Weise bei einer »planerischen« Begegnung mit Schinkel. Dieser hatte ein Königsschloss für Otto auf der Akropolis konzipiert, das zwischen den antiken Ruinen erbaut werden sollte. Klenze hintertrieb dies und machte per Dekret die Akropolis zum Objekt der Archäologie – nicht zum Ort für einen Königspalast. Angesichts der fatalen archäologischen Fehlleistungen bei der »Ausgrabung« der Akropolis im 19. Jh. gibt es indessen heute nicht wenige Fachleute, die wünschten, Schinkels Vision, die die antiken Befunde weitgehend geschützt hätte, wäre Wirklichkeit geworden.

Der Historismus

»In welchem Style sollen wir bauen?« Mit diesem provokanten Titel einer Schrift von 1828 eröffnete der Karlsruher Architekt Heinrich Hübsch (1795–1863) eine folgenreiche Debatte. Hübsch zählte etwas über 50 verschiedene historische Baustile auf und wurde damit, wenn auch ungewollt, zum Initiator einer *battle of*

Der »Dom am Wasser« zeigt, wie im 19. Jh. die Gotik gesehen wurde. Dem Ölgemälde liegt Karl Friedrich Schinkels Plan einer neogotischen Kathedrale zugrunde (Kopie des verschollenen Werks von Schinkel in der Nationalgalerie Berlin).

styles, einer Kontroverse um das »richtige«, das ange-
messene Bauen. Der sogenannte Historismus löst, im
Sinne der Architekturepochen, den Klassizismus ab.
Genauer gesagt: Er fügt ihn als ein kleines Element ein
in eine nunmehr universell imitierende Architektur. Nahezu alle historischen Baustile waren in der zweiten
Hälfte des 19. Jh. verfügbar und wurden herangezogen.
Sie wurden dabei immer weiter von ihren ursprünglichen Bedeutungen und Kontexten entfernt und
schließlich innerhalb einzelner Bauwerke nach Belie-
ben miteinander vermengt. Der Historismus wurde
zum ersten Zeitalter architektonischer Beliebigkeit
(zum zweiten Zeitalter der Beliebigkeit wurde später
die Postmoderne) – die Hauptsache war ein erkennba-
rer historischer Kern der Architektur. Und es war genau diese Beliebigkeit, gegen die sich am Ende des
Jahrhunderts dann zunächst die Vertreter des Jugendstils und schließlich die der Klassischen Moderne
wandten.

Eine Frühform dieses Historismus war die Wiederauf-
erstehung der Gotik, zunächst insbesondere in England
(Gothic Revival). »Gotische« Bauten, jetzt durchaus
auch mit profanem, gleichwohl aber das Profane »sa-
kralisierendem« Charakter, schossen wie Pilze aus dem
Boden: Herausragende Beispiele sind die zwischen
1840 und 1888 errichteten Houses of Parliament am
Themseufer in London (Architekten: Charles Berry und
Augustus Charles Pugin) und der 2007 nach umfassender Restaurierung wiedereröffnete Bahnhof St. Pan-
cras (1868–74, Architekt: George Gilbert Scott) mit
dem davor gesetzten großen Hotelkomplex. Auch in
Deutschland griff die Neogotik rapide um sich. Ein bekanntes, wenngleich spätes Beispiel ist das Hamburger
Rathaus aus den 1890er-Jahren. Ein Anhänger der Neo-
gotik war bereits Schinkel, der zahlreiche Entwürfe und
gemalte Visionen von gotischen Bauwerken festgehal-
ten hatte. Gotische Bauformen wurden dabei aus ihrem
einstigen kirchlichen Zusammenhang in weltliche Bau-

Schloss Neuschwan-
stein wird auch als »kleine Wartburg« des Wag-
ner-Verehrers Ludwig II.
von Bayern bezeichnet.
Sie stellt eine Mittelal-
teridylle im Zeitalter der
Romantik dar.

kontexte überführt – ein Schicksal, das der Romanik
weitgehend erspart blieb, denn die Neoromanik des
19. Jh. beschränkte sich überwiegend auf den zeitgenössischen Kirchenbau (z. B. die Kathedrale von Tam-
pere, Finnland, 1902–07).

Ein bevorzugtes Sujet historistisch gesonnener Architekten war der Schloss- und Burgenbau. Hier ließ
sich, je nach Wunsch der Auftraggeber, aus dem Vollen
schöpfen. Eine romantische Verklärung des Mittelalters, hart an der Grenze zum schlechten Geschmack,
ist das für Ludwig II. von Bayern erbaute »Märchenschloss« Neuschwanstein nahe Füssen im Allgäu –
»realer« historischer Kern des zwischen 1869 und
1886 erbauten Konglomerats ist eine mittelalterliche
Burgruine, die jedoch für den Neubau weitgehend ab-
getragen wurde. Ein weiterer Meilenstein historistischer Schlossbaukunst in Deutschland ist das im Stil
der Renaissance errichtete Stadtschloss von Schwerin,
1844 nach Plänen von Georg Adolph Demmler und Friedrich August Stüler begonnen. Verklärtes »teutoni-
sches« Mittelalter ist auch das Thema zahlreicher Burg-
rekonstruktionen des 19. Jh.: Weithin sichtbar auf einem Vogesengipfel nahe Sélestat im französischen
Elsass gelegen, ist die Haut Koenigsbourg keineswegs
die vorzüglich erhaltene mittelalterliche Burg, die man

Als Treibhaus der Orna-
mente und Stilblüten
kann der Royal Pavillon
in Brighton, England,
gelten. Das historis-
tische Märchenschloss
des Prinzregenten wur-
de 1815–22 erbaut.

beim Näherkommen zu sehen glaubt, sondern ein mit
allem erdenklichen Komfort ausgerüstetes Konstrukt
der wilhelminischen Epoche – errichtet nach Plänen
des Architekten Bodo Ebhardt (1865–1945), die an
eine spätmittelalterliche Bauphase des Komplexes
anknüpften. Weitere herausragende Architekturen des
Historismus sind die Pariser Oper in neobarockem Stil
(1871–74, Architekt: Charles Garnier), die »orientalischen« Königlichen Pavillons in Brighton (1815–18,
Architekt: John Nash) oder der klobige Brüsseler Jus-
tizpalast in antik-renaissancesken Formen (1866–83,
Architekt: Joseph Poelaert). Ein nahezu geschlossenes
Panorama historistischer Architektur bieten die Ring-
straße in Wien und die Bauensembles vieler deutscher
Ostseebäder.

Historismus ist durchaus nicht Kopie um der Kopie
willen – kein alleiniges Problem der Form. Er bedient
sich der Geschichte vielmehr in ziel- und zweckgerich-
teter Weise. Die Möglichkeit, neuen Bauten ein histori-
sches Kleid überzustreifen und ihnen auf diese Weise
Alter, Ehrwürdigkeit und Tradition zu verleihen, war insbesondere in solchen Kontexten verlockend, wo tatsächlich nicht vorhandene Tradition oder historische
Verwurzelung camoufliert, kulturellen Minderwertig-
keitsgefühlen entgegengewirkt oder der »reale« Ver-
lauf der (Bau-)Geschichte übertüncht bzw. verfälscht

werden sollte. Städte, die erst im 18. oder 19. Jh. zu Bedeutung gelangten, schmückten sich daher mit »gotischen« Rathäusern oder »mittelalterlichen« Fachwerkbauten. In den geschichtslosen Metropolen der USA entstanden serienweise »romanische« Kirchen oder Kapitole im *outfit* von Antike und Renaissance. Die im 19. Jh. vom gesellschaftlichen Untergang bedrohte Aristokratie beschwor in Palais und Stadthäusern auf architektonische Weise die Werte der »guten alten Zeit«.

Technische Innovationen des 19. Jh.

Wie kaum eine andere Epoche ist die Architekturgeschichte des 19. Jh. geprägt von technischen Neuerungen – Innovationen sowohl hinsichtlich der Baumaterialien wie auch in Bezug auf die damit möglichen Erweiterungen baulicher Formen und Fertigungsweisen. Nicht nur für die Architektur, sondern für die gesamte Industrialisierung und Maschinisierung des 19. Jh. war Eisen der zentrale Rohstoff: zunächst (ab 1709) als sprödes Gusseisen, ab ca. 1850 dann in gehärteter Form als Profileisen aus Walzstahl. Die preiswerte und technisch unkomplizierte Möglichkeit, mittels Eisenkonstruktionen große Distanzen zu überspannen, machte den neuen Werkstoff für die Architektur interessant.

Der Eiffelturm ist das Wahrzeichen von Paris. Er wurde anlässlich des 100-jährigen Jubiläums der Französischen Revolution 1887–89 erbaut.

Als erstes Eisenbauwerk der Welt gilt die von dem Engländer Abraham Darby III. konstruierte Brücke bei Coalbrookdale in England (1781). Immer kühnere und lichtere Konstruktionen, nicht selten im Stil der Neogotik, entstanden. Als überragendes Monument der Eisenbauweise des 19. Jh. gilt der zur Weltausstellung 1889 in Paris errichtete, über 300 m hohe Turm, von Gustave Eiffel zunächst gegen erhebliche Widerstände konstruiert, dann, als neues Wahrzeichen der Stadt, nach seinem Erbauer benannt. Insbesondere im Brücken- und später im Hochhausbau fand die Eisenbauweise dann große Bedeutung und Verbreitung.

Besondere Möglichkeiten eröffneten sich aus einer

Kombination von schlanken, aber stabilen Eisenskeletten und der Verglasung der Freiflächen – ein Prinzip, das schon in der Ausformung der großen Fensterflächen im gotischen Kathedralenbau vorgeprägt war. Die vielen Glas-Eisenkonstruktionen des 19. Jh. griffen diese Analogie auf. Was entstand, waren regelrechte Kathedralen der Moderne – lichtdurchflutete, weitgespannte, fast schwebend wirkende Bauten mit scheinbar fragilen, minimierten und dennoch statisch höchst belastbaren Trägerskeletten. Orangerien und Gewächshäuser in Parks und großen Gärten waren zunächst das Betätigungsfeld der Architekten; die neue Bauweise wird hier mit einer pragmatischen Bauintention gekoppelt. Unerreichter Höhepunkt einer demgegenüber auf pure Demonstration technischer Möglichkeiten ausgerichteten »Unterhaltungsarchitektur« aus Glas und Eisen war der Londoner Crystal Palace: eine riesige, verschachtelte Ausstellungshalle, die auf nahezu 1 ha Grundfläche Raum für allerlei Vergnügen bot. Von Joseph Paxton (1801–55) anlässlich der Londoner Weltausstellung von 1852 im Hyde Park erbaut, wurde der bis auf 22 m aufragende Crystal Palace später, ganz im Geiste der Innovationsmanie des 19. Jh. und als eine weitere, kaum mehr steigerbare Demonstration technischer Machbarkeit, demontiert und im Stadtteil Sydenham neu aufgebaut, wo ihn 1936 ein Feuer zerstörte. Bahnbrechend war die von Paxton ersonnene Modulbauweise: Der Crystal Palace war aus wenigen, vorge-

Der Crystal Palace von Joseph Paxton in London erhielt die Gestalt einer dreischiffigen, lichtdurchfluteten Basilika. Der heute etablierte Name des Gebäudes war damals eher spöttisch gemeint und 1851 durch das satirische Magazin »Punch« geprägt.

fertigten Standardteilen errichtet, deren Maße von einem den ganzen Bau durchziehenden Raster determiniert waren. Die Möglichkeiten der neuen Baustoffe für eine rationell-serielle Fertigung wurden hier erstmals erprobt. Das Londoner Beispiel machte schnell Schule; in vielen Metropolen des 19. Jh. (u. a. New York, München, Paris) entstanden bald darauf ähnliche Glaspaläste.

Als drittes Element technisch-ästhetischer Innovation der Architektur im 19. Jh. tritt die Ziegelbauweise verstärkt in Erscheinung – nicht nur im historistisch-romantischen Kontext eines »materialgerechten Bauens«, sondern im Sinne einer der Eisen-Glasbauweise vergleichbaren Möglichkeit vorfabrizierter, »maschineller« Bautechnik. Ziegel und Glas als zwei grundverschiedene, dennoch aber bestens miteinander kombinierbare Möglichkeiten der »Ausfüllung« eines Eisenfachwerks werden zum technischen Standard und zu den Grundlagen der nun fast beliebigen Formbarkeit von Architektur im 19. Jh. Es entstehen statisch eigentlich »unmögliche«, von Eisenskeletten getragene Ziegelbauten, lichtdurchflutet von kühn konstruierten gläsernen Überdachungen. Markthallen, Kaufpassagen, vor allem Bahnhöfe, dann aber auch Industriebauten sind die Prototypen dieser neuen Architektur; das Konzept des Eisenskeletts hat darüber hinaus den Hochhausbau massiv gefördert. Lange Jahre als »Allerweltsarchitektur« verpönt, hat man in den letzten Jahren diese Bauten als historische Denkmäler wiederentdeckt und viele dieser im Prinzip wenig dauerhaften Architekturen restauriert (und damit vor dem Verfall gerettet).

Die Galleria Umberto I. im Herzen von Neapel, 1887–90 erbaut, ist mit ihrer lichten, weit gespannten Dachkonstruktion aus Eisen und Glas neben der Galleria Vittorio Emanuele II. (1865–67) in Mailand herausragendes Beispiel italienischer Passagenarchitektur des 19. Jh.

Der Architekturwettbewerb

Man ist geneigt, den Architekturwettbewerb mit seinen baulich-gestalterischen und finanziellen Zielvorgaben, seiner geordneten, beinahe bürokratisch anmutenden Verwaltung, seiner Trennung zwischen Auftraggeber bzw. Bauträger, Wettbewerbsorganisatoren, Jury und konkurrierenden Teilnehmern für eine moderne Erfindung zu halten. Tatsächlich aber hat es eine solcherart geregelte Konkurrenz um ausgeschriebene Aufträge bereits in der Antike gegeben. Im demokratischen Athen des 5. und 4. Jh. v. Chr. war öffentliches Bauen eine Sache der Polis, des Stadtstaates: Die Volksversammlung beschloss etwa, einen Tempel zu errichten, formulierte Zielvorgaben über Aussehen und Kosten des Bauwerks, beauftragte dann verschiedene Architekten mit jeweils einem Entwurf und stimmte hierüber ab. Die Realisierung wurde dann einer »Baubehörde« übertragen.

Die Geschichte des modernen Architekturwettbewerbs beginnt im frühen 15. Jh. Für die Überkuppelung des Florentiner Doms wurden von verschiedenen Architekten Gutachten erbeten. Filippo Brunelleschis Vorschlag setzte sich durch und wurde zwischen 1419 und 1436 realisiert. Zu einem üblichen Vorgang wurden Architekturwettbewerbe aber erst gegen Ende des 18. Jh. Hier dominierte bei Weitem der eher gestalterisch geprägte Ideenwettbewerb (und nicht der heute in der Praxis vorherrschende, eher technisch geprägte Realisierungswettbewerb). Ziel der meist staatlichen oder kommunalen, selten privaten Auftraggeber bzw. Initiatoren war es, ein möglichst umfassendes, zugleich mit zuvor formulierten Grundvorstellungen über das Projekt konformes Paket von Vorschlägen für die bauliche Ausgestaltung eines geplanten Projektes zu erhalten. Wettbewerbsverfahren konnten und können dabei offen sein oder aber geschlossen. Hier werden dann nur Konzepte direkt angesprochener, ausgewählter Teilnehmer berücksichtigt.

Die Konkurrenzfähigkeit einzelner Architekten in solchen Architekturwettbewerben war erheblich abhängig von den Fähigkeiten, Visionen und Konzepte modellhaft-plastisch einer Jury zu vermitteln. Dem Architekturmodell, vor allem aber auch imaginär-illusionistischen, großformatigen Ansichtszeichnungen kam hier entscheidende Bedeutung für den Erfolg eines Entwurfs im Wettbewerb zu. Für seine geplante Kuppel des Doms von Florenz ließ Brunelleschi ein Holzmodell erstellen, das wesentliche Merkmale seines Konzepts besser als eine Zeichnung visualisierte. Zahlreich erhalten und von besonderer architekturhistorischer Bedeutung sind zeichnerische Unterlagen der großen Architekturwettbewerbe des späten 18. und des 19. Jh., u. a. für das Weiße Haus in Washington (1792), die Walhalla bei Regensburg (1814), die Hou-

Carl von Fischer beteiligte sich an der Aus-
schreibung zum Bau der Walhalla bei Regensburg. Sein Wettbewerbsentwurf datiert von
1809/10.

ses of Parliament in London (1835/
36), die Pariser Oper (1861) und den
Berliner Reichstag (1872/82). Von
besonderem Interesse sind dabei die
unrealisiert gebliebenen Entwurfsal-
ternativen dieser klassizistisch-histo-
ristischen Bauprojekte. Sie bilden
heute eine wichtige Ergänzung für
das umfassende Verständnis dieser
Architekturepoche. Carl von Fischers
Entwurf zur Walhalla stellte einen
überkuppelten Zentralbau in der Art
des Pantheon in Rom vor. Der Aus-
schreibungsanforderung nach einer
Verwendung der griechisch-dorischen
Bauordnung (als Zeichen würdevoller
Gravität) kam Fischer nach, indem er
dem Kuppelbau eine achtsäulige dorische Tempelfront vorsetzte – wie
bei von Klenzes schließlich realisier-
tem Entwurf ein Rückgriff auf den
Parthenon von der Athener Akropolis,
allerdings nicht als exklusives Zitat,
sondern als Verschmelzung architektonischer Höhepunkte der griechischen und der römischen Antike.

Parthenon und Pantheon formen dabei eine homogene Verbindung. Wie
sehr architektonische Vorstellungen
der Auftraggeber bzw. Bauträger ein-
gereichte Entwürfe prägen (und dabei auch formal limitieren) können,
zeigt die Visualisierung des Berliner
Reichstags durch die Architekten
Hermann Ende und Wilhelm Böck-
mann: In allen wesentlichen baulichen Strukturen ähnelt ihr Entwuf
dem später realisierten Konzept
Paul Wallots in verblüffender Weise.

Architekturwettbewerbe sind heute
bei nahezu allen größeren Bauprojekten üblich, und die Transparenz des
Verfahrens ist in fast allen Ländern
gesetzlich reglementiert – was Streit
und öffentliche Diskussion um Bauprojekte indessen keinesfalls aus-
schließt, wie erst die Umgestaltung
des Berliner Reichstagsgebäudes
durch Lord Norman Foster mit der
vom Konkurrenten Santiago Callatra-
va »adaptierten« Kuppel oder die Debatte um das Jüdische Museum in
Berlin von Daniel Libeskind zeigten.
Zahlreiche Fachzeitschriften informie-
ren über Wettbewerbsausschreibun-
gen und einschlägige Bedingungen.
Die seit dem 19. Jh. zuhauf entstandenen Architekturpreise mit ihren eigenen Wettbewerben bilden neben dem
auf Realisierung einer Bauidee ausgerichteten Architekturwettbewerb der
Bauträger heute ein zweites Forum
zur Präsentation modellhaft ausge-
stalteter Architekturvisionen.

Die Genese des Wolkenkratzers

Es sind nicht selten große Desaster und Unglücke, die der Architekturgeschichte und dem Siedlungsbau wesentliche Impulse gegeben haben. Der Brand von Rom 64 n. Chr., die verheerenden Feuer von London 1666 oder von Hamburg 1842 oder das Erdbeben von San Francisco 1909 waren Ereignisse, die neben aller Tragik der Zerstörung zugleich zu großflächigen Neubebauungen nach jeweils modernsten Maßstäben geführt haben – und damit zugleich zu architektonischer Innovation.

nach 1880
Zeitalter des Imperialismus der europäischen Großmächte
1888–1918
Regierte Kaiser Wilhelm II. in Deutschland
1894–96
Die Dreyfus-Affäre erschüttert Frankreich
1894–1917
Regiert Nikolaus II. als Zar in Russland, Ausbau der Beziehungen zu Deutschland und Österreich-Ungarn
1904
Entente Cordiale zwischen England und Frankreich
1910–36
Regierte Georg V., König von England
1914
Ermordung des österreichischen Thronfolgers Franz Ferdinand in Sarajewo, Beginn des Ersten Weltkriegs (bis 1918)
1917
USA greifen in den Krieg ein, Oktoberrevolution in Russland
1918–33
Waffenstillstand und Novemberrevolution in Deutschland, Friedenskonferenz von Versailles, Weimarer Republik, überschattet von Unruhen und Krisen (1920 Kapp-Putsch, 1921 Hamburger Arbeiteraufstand, 1923 Inflation, Ruhrkrise und Hitler-Putsch in München)
1922
Mussolinis »Marsch auf Rom«, Italien wird faschistisch
1924
Tod Lenins, Machtkampf zwischen Trotzki und Stalin in Russland
ab 1929
Entstehung und Konsolidierung der UdSSR unter Stalin
1933
Hitler wird Reichskanzler, Ende der Weimarer Republik und Beginn der Nazidiktatur
1936–39
Spanischer Bürgerkrieg
1939–45
Zweiter Weltkrieg, Holocaust in Deutschland und den von Deutschland besetzten Gebieten

Neben den Metropolen der Ostküste war Chicago als wichtigster Knotenpunkt für Verkehrswege und Handelsströme zwischen Ost und West eine der am schnellsten und radikalsten expandierenden Städte Amerikas. Zwischen 1850 und 1870 explodierte die Zahl der Einwohner, die von einer hemmungslos boomenden Wirtschaft magisch angezogen wurden, von knapp 30 000 auf weit über 300 000; in jenen Jahren war Chicago die bei weitem größte Siedlung der USA. Wie ein Schock wirkte hier das Großfeuer, das 1871 fast die gesamte innere Stadt in Schutt und Asche legte.

Das bald nach dem Brand in einer riesigen Kraftanstrengung wiederaufbaute Chicago wurde zum Synonym architektonischer Modernität, zum Impulsgeber einer pragmatischen, »amerikanischen« Bauweise. Erheblicher Mangel an verfügbarem Grund und Boden innerhalb des relativ kleinen Innenstadtbereichs, aber auch die immense, alles Angebot übersteigende Nachfrage nach Geschäfts- und Büroraum machte einen konsequenten Hochbau unumgänglich: Bauten entstanden, die neben ihrer Geschossvielzahl zugleich eine möglichst luftige, für Geschäfts- und Präsentationszwecke dienliche Basis mit zur Straßenfront hin angeordneten Schaufenstern und Arkadengängen aufweisen sollten. Das waren Anforderungen, die in der konservativen Steinbauweise aus statischen Gründen nicht umsetzbar waren. Im Chicago der 1870er-Jahre war es die um 1840 erstmals in England entwickelte Eisen- bzw. später Stahlskelettbauweise, die hier Abhilfe schuf. Metallstreben formten den Rahmen für eine in diese Streben quasi fachwerkartig eingelassene Steinbauweise. Zum Pionier dieser Technik wurde Leroy S. Buf-

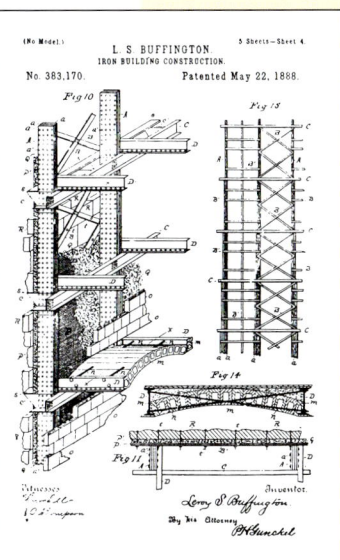

Seite 4 der insgesamt fünf Seiten umfassenden Patentschrift für Leroy S. Buffingtons »Iron Building Construction«, patentiert am 22. Mai 1888. Das Patent befasst sich mit einer Maximierung horizontaler wie vertikaler Statik im Hochbau und propagiert die enorme Belastbarkeit von T-Trägern.

fington, der das englische Vorbild variierte, verbesserte und alsbald zahlreiche Patente für hochbaugeeignete Metallkonstruktionen hielt, die mittels fest verbundener T- bzw. Doppel-T-Träger lichte und dennoch stabile Konstruktionen mit mehr als 25 Geschossen ermöglichten. Das damals für Chicago typische, vielgeschossige Kontorgebäude in Skelettbauweise mit mehr oder weniger spärlich dekorierter, aber reich durchfensterter Fassade, prunkvollem Attikaabschluss des flachen Daches und einem zu Präsentationszwecken nutzbaren, optisch herausgehobenen Basisgeschoss mit einem hochherrschaftlichen Piano nobile darüber wuchs in den 1880er-Jahren an fast allen Straßenfronten der Chicagoer Innenstadt aus dem Boden.

Diese »Chicago Architecture« wurde zum Vorbild auch für andere amerikanische Metropolen, deren urbane Probleme ähnlich gelagert waren: Zu wenig Grund und Boden in gut erschlossenen Citylagen, enormer Bedarf an umbautem Raum. Das Hochhaus wurde zum entscheidenden Architekturtyp rationalen, kapital- und verwertungsorientierten Bauens der Moderne – und ist es bis in die Gegenwart geblieben. Inbegriff der platzsparend erbauten Hochhausarchitektur ist heute der New Yorker Stadtteil Manhattan; die dortige Architektur der *skyscraper* ist indessen von der Entwicklung in Chicago massiv beeinflusst und technisch wie formal intendiert. Wie sehr jede sich bietende Gelegenheit zur Errichtung spektakulärer Hochbauten genutzt wurde, zeigt das von Daniel Hudson Burnham 1902 errichtete Flatiron: Es nutzt ein eigentlich kaum bebaubares, dreieckiges, äußerst schmales Gelände am Zusammentreffen von Broadway und Fifth Avenue in New York für ein zwanziggeschossiges, monumentales Hochhaus in Metallskelettbauweise.

William LeBaron Jenney erbaute 1884 das Home Insurance Building, Ecke LaSalle/Adams Street in Chicago, USA. Das erste »echte« Hochhaus Chicagos wurde in den 1930er-Jahren abgerissen (Ansicht von 1897).

Hochhausbau jedweder Art ist nicht denkbar ohne zwei weitere amerikanische Erfindungen: Lift und Klimaanlage. Beides sind ebenfalls Entwicklungen des 19.

Jh. und gingen mit dem Hochhausbau einher. Der von Elisha Graves Otis entwickelte, 1857 erstmals vorgestellte sprungfedergesteuerte Lift war notwendige Vorrausetzung für jedes Hochhaus mit mehr als sechs Geschossen. Die allgegenwärtige und mittlerweile auch weitgehend verlässliche, durch den Elektromotor entscheidend verbesserte Erfindung (Otis' Name lebt weiter in der bis heute tätigen Fahrstuhlfabrik Flohr & Otis) hatte indessen lange Zeit kein gutes Image – zu zahlreich waren Unfälle und Abstürze. »Air conditioning« wurde als Begriff vom Erfinder Stuart W. Cramer geprägt, der 1906 ein Patent für »künstliches Wetter« in Hochhäusern anmeldete – Belüftung über ein den gesamten Bau durchziehendes System von Ventilatoren und Frischluftröhren. Die Gefahr durch geöffnete Fenster und den unkalkulierbaren Luftzug in über 100 m Höhe war bis dahin ebenso evident geworden wie die Notwendigkeit des Schutzes vor in Bodennähe schwebendem Industriesmog.

Antonio Gaudí

Aus der Sicht des Historikers ist der Katalane Antonio Gaudí y Cornet (1852–1926) gewiss der einflussreichste Architekt Spaniens und ein Pionier expressionistischer Architektur. Als Gaudí indessen 1878 seinen Erstling, einen Entwurf für die Casa Vicens in Barcelona, vorstellte, löste er große Empörung aus: Ein alptraumhaftes Gemisch aus maurischen und gotischen Elementen war zu besichtigen, eine gebogene, bald zurück-, bald vorspringende, mit weichen Rundungen versehene Fassade, die unmittelbar an Gaudís Herkunft aus einem Metall verarbeitenden Betrieb erinnerte, pilzförmige Dächer und Türmchen, das Ganze in grellen Farben gehalten und auf einem labyrinthisch-unverständlichen Grundriss fußend.

In den Zeiten eines akademischen Historismus war so ein von allen historischen Bauformen abweichender Irrationalismus ein Schock, der sich indessen zur viel

Daniel Hudson Burnham erbaute 1902 das wegen seines dreieckigen Grundrisses sogenannte Flatiron (ursprünglicher Name: Fuller Building) in New York, das zu einem Wahrzeichen der Stadt wurde (kolorierte Fotografie, um 1915).

Antonio Gaudí begann 1883 den Bau der bis heute unvollendeten Kathedrale Sagrada Família in Barcelona.

diskutierten Sensation wandelte, als Gaudí in den darauf folgenden Jahren weitere Häuser in diesem markanten Design entwarf und – Dank des Mäzens Graf Güell, eines wohlhabenden Industriellen – auch realisieren konnte. Neben verschiedenen Stadthäusern entstanden eine Residenz für den Mäzen (1885–89) und ein nach ihm benannter Park in Barcelona (1900). Die Architekturkritik überschlug sich, und noch heute muss man zu kühner und plastischer Sprache greifen, um Gaudís Architektur halbwegs angemessen zu würdigen. Der Bauhistoriker Wolfgang Pehnt etwa formulierte: »Nach der Jahrhundertwende zog Gaudí die geistreichen, wilden Erfindungen und Kompilationen seiner Frühwerke zu großen skulpturalen Massen zusammen (…) Jetzt wurden die Bauwerke zu animistisch belebten Gebilden, die sich nach ihren eigenen Gesetzen aufzubäumen, aufzuschluchten, Glieder aus sich hervorzutreiben, Formen aus sich herauszublähen scheinen. Die Casa Milá (…) ist ein Fels mit vielen Kavitäten, der vom Seetang der schmiedeeisernen Balkonbrüstungen überspült scheint (…) Wo das Programm des Noch-nie-Gesehenen herrscht, wird Überraschung durch das Absurde alsbald zur Regel.«

Architektur als lebende, natürliche Masse: Dieser Traum der akademischen Architekturtheorie, die sprichwörtliche »Urhütte« schien hier – unter den Händen eines der Architekturtheorie vollkommen Unkundigen – Gestalt anzunehmen. Gaudís Häuser erinnern an ausgestaltete Höhlen, an plastisch geformte Erdhaufen, an bewohnte Pflanzen – an eine merkwürdig reale Märchenwelt. Baumaterialien und Farbigkeit der Architekturen unterstützen diesen Eindruck von äußerster Naturnähe, der zugleich mit metallischscharfen Graten und Spitzen auch immer wieder konterkariert wurde. Gaudí schuf hier einen Trend, der bis in die Gegenwart andauert: zurück zur Natur, zur naturnahen, ökologischen Architektur. Was bei Gaudí noch gebrochen und fragil erscheint, findet sich in den Bauten von Friedensreich Hundertwasser in gegenwärtig-modernem Sinn, gewissermaßen »politisch-korrekt« vollendet.

Als Hauptwerk und zugleich Vermächtnis Gaudís gilt die Kathedrale Sagrada Familia in Barcelona. Der ursprünglich in neogotischem Stil geplante und begonnene Bau war ein liegengebliebener Torso, der Gaudí 1883 von der Stadtverwaltung überantwortet wurde. Der Künstler formte das Ganze um zu einer gewaltigen, himmelwärts gerichteten Skulptur, zu einem märchenhaften Monument expressionistischer Architektur mit riesigen Dimensionen. Der Bau beschäftigte Gaudí gewissermaßen als ein durchlaufendes »Geländer« seiner Architekturfantasie sein ganzes Architektenleben und war bei seinem Tod im Jahr 1926 unfertig; bis heute wird hier nach Gaudís Plänen gebaut.

Gaudís Architektur machte Schule, insbesondere in Spanien. Zahlreiche Architekten folgten, nachdem sein Stil vom spanischen Establishment zunächst zögernd akzeptiert, später dann rückhaltlos gefeiert wurde, der Formensprache des Meisters. Zum bedeutendsten Epigonen und »Nachfolger« Gaudís avancierte sein einstiger Mitarbeiter Joseph Maria Jujol.

Josep Maria Jujol erbaute 1913–16 den Torre de la Creu in San Joan Despí. Noch zu Lebzeiten Gaudís entstand ein »katalanischer Expressionismus«, der sich an seinen Architekturvorstellungen orientierte.

Adolf Loos

Der Jugendstil, benannt nach der 1896 erstmals erschienenen Münchener Zeitschrift »Jugend« (internationale Synonyme: Art nouveau, Modern Style, Stile Liberty), war nichts weniger als eine alle Gebiete der Dekoration und des Designs umfassende Revolution: Der erste kohärente Stil, der historische Vorbilder, wie sie im Historismus des späten 19. Jh. exzessiv verwendet worden waren, insgesamt radikal negierte. Hauptkennzeichen sind vegetabile Formen, gekurvte Linien, bewegte figürliche oder abstrakte Ornamente. Zunächst

Die von Victor Horta
gestaltete Halle des
Hauses van Eetvelde
in Brüssel, umgebaut
1897–1900, zeigt ein
typisches Jugendstil-
interieur.

auf Grafik und Malerei, Möbeltischlerei, Textilkunst, Porzellan und Metallgerät beschränkt, entstand um 1890 eine spezifische Architektur, die nicht nur mit im Sinne des Jugendstils applizierten Ornamenten reich dekoriert war, sondern in plastischer Ausprägung und extremer Farbigkeit die Prinzipien des Jugendstils propagierte. Heute weithin bekannte Musterbeispiele einer ornamental-verspielten, farb- und formenreichen Jugendstilarchitektur sind die von Hector Guimard konzipierten Eingangsgebäude zu den Stationen der im Jahr 1900 eröffneten Pariser Metro. Die filigranen Bauten aus Eisen und Glas wurden erst jüngst mit großem Aufwand restauriert. Die Charakteristik des Jugendstils als Universaldesign kam in besonderem Maß bei der architektonischen Gestaltung von Innenräumen zur Geltung. Maßstäbe setzten hier der Belgier Victor Horta, später sein Landsmann Henry van de Velde. Eine überaus einprägsame und erfolgreiche Verschmelzung von Jugendstildesign und Architektur gelang ferner dem Schotten Charles Rennie Mackintosh; als eines seiner Hauptwerke gilt die nach 1896 erbaute School of Art in Glasgow.

Überbordender Ornamentreichtum, sich steigernde Formexzesse führten indessen alsbald zu einer Gegenströmung. Zentrum dieser Bewegung war Wien, wo zunächst Otto Wagner (1841–1918), später auch einige seiner Schüler wie Joseph Maria Olbrich und Josef Hoffmann versuchten, einen »gemäßigten« Jugendstil zu realisieren. Wagner griff auf kubische, schlichte Formen zurück, deren Dekorationen zwar markant im Art nouveau verwurzelt blieben, deren abstraktes Äußeres jedoch die modisch-zeitgebundenen Jugendstilformen aufheben sollten. Sein Traktat »Moderne Architektur« (1895) versuchte, diese Jugendstilvariante als zeitlos gültig hinzustellen und theoretisch zu legitimieren. Sie stand in scharfem Kontrast zur expressionistischen Architektur, die dem »alten« Jugendstil verpflichtet war.

Diese Wiener Sezession war der Boden, in dem
der in Mähren gebürtige, später dann überwiegend in
Österreich tätige Architekt Adolf Loos (1870–1933)
mit seinen teilweise äußerst radikalen Vorstellungen
und Konzepten verwurzelt war. Nicht zu Unrecht wird
in den Bauten von Loos oft das eigentliche Ende des
Art nouveau und sein Übergang in die Klassische Moderne gesehen. Seine polemischen Essays, veröffentlicht in verschiedenen Zeitungen und Zeitschriften,
später auch in Buchform (Berühmtheit erlangt hat
sein Traktat mit dem Titel »Ornament und Verbrechen«) geißelten den Hang zu überschwenglicher Dekoration, vor allem aber auch jede Form einer in der
Vergangenheit verhafteten Architektur als ein Grund-
übel der Gegenwart. Seine Bauten, darunter zahlreiche Wiener und Prager Stadthäuser, sind aber dennoch keineswegs spartanisch. Im Inneren dominiert
ein raffinierter Luxus, außen herrschen klare Kontu-
ren und rationale Fassadengliederungen vor, ohne
indessen auf repräsentative Elemente zu verzichten.
Sein 1909–11 erbautes Wohn- und Geschäftshaus
Goldmann & Salatsch am Michaelerplatz in Wien etwa
erhebt sich als schlichter weißer kubischer Baukörper
auf einem prunkvoll marmorierten, überhöhten Basisgeschoss.

Abb. links unten:
Otto Wagners Majolika-
haus in Wien hat die
Adresse Linke Wienzeile
40. Die Fotografie von
1899 zeigt das soeben
vollendete Gebäude mit
Dachkante und Eisen-
geländer. Vor allem die
farbige Majolikadekora-
tion erinnert an den Ju-
gendstil, nicht jedoch
der kubisch-abstrakte
Baukörper.

Abb. rechts unten:
Von Adolf Loos stammt
das Wohn- und Ge-
schäftshaus Goldmann
& Salatsch in Wien am
Michaelerplatz, wo es
1909–11 erbaut wurde.

Der Name Walter Gropius ist untrennbar mit dem des Bauhauses in Dessau verbunden, das er 1925/26 erbaute.

Das Bauhaus

Das Bauhaus steht heute nachgerade synonym für Architektur und Lebensstil der Klassischen Moderne in Deutschland: für künstlerisch-intellektuelle Innovation der Weimarer Republik, für eine Architektur der klaren Linien, für eine kettenförmige Addition kubischer Bau- und Designkörper, von Würfeln und Rechtecken, für funktional durchgestylte Innenräume. Nichts macht dieses Image deutlicher als die britische Rockgruppe, die sich in den frühen 1980er-Jahren programmatisch Bauhaus nannte, um mit ihrer abstrakten Musik Modernität zu verkünden. Die markant konturierte Gestaltung von Industrieprodukten war das gegen den verschnörkelten Spätjugendstil und den Expressionismus gerichtete Grundziel des »eigentlichen« Bauhauses der späten 1920er-Jahre, und nicht nur deshalb umschloss das Konzept, wie der Jugendstil selbst, weit mehr als nur Architektur, nämlich eine umfassende Idee von modernem, zeitgemäßem Gestalten.

Der Begriff Bauhaus ist unmittelbar mit seinem Begründer und Erfinder Walter Gropius verknüpft, der 1919 Henry van de Velde als Leiter der Weimarer Kunstgewerbeschule folgte. Obwohl er in den folgenden Jahren den Bereich Architektur umfassend ausbaute, sah er immer den engen Zusammenhang mit anderen handwerklich-gestalterischen Bereichen und beließ daher diesem »neuen« Bauhaus seinen »alten« Charakter einer universellen Handwerkerschule. Die in Weimar ungeliebte Institution siedelte 1925 nach Dessau um – ein nicht unwillkommener Traditionsbruch. Das unter Gropius tätige künstlerische Lehrpersonal liest sich heute wie ein Who is Who der Moderne: Johannes Itten, Paul Klee, Wassily Kandinsky, Marcel Breuer, Josef Albers, Lyonel Feininger und weitere prominente Künstler und Kunstgewerbler hatten hier Ateliers und Lehrwerkstätten.

Die umfassend radikale Bauhausidee, deren wichtigster Kern die völlige Neuorientierung von Architektur und Design hin auf die Bedürfnisse der Gegenwart und damit die ebenso völlige Ablehnung formaler Rückgriffe auf historische Vorbilder war, ist indessen nicht aus einer momentanen Eingebung des Bauhaus-gründers Gropius entstanden. Es gab wichtige Vorläu-fer, unter anderem den 1907 von Handwerkern Archi-tekten und Industriellen gegründeten Deutschen Werk-bund. Er formierte sich als Bewegung um die 1914 von ihm veranstaltete Ausstellung in Köln, zerstritt sich dann aber in ideologischen Kontroversen heillos (le-gendär ist der erbitterte Disput um den Gegensatz von Standardisierung und künstlerischer Kreativität zwi-schen den »Werkbündlern« Henry van de Velde und Hermann Muthesius). Als Reaktion auf die englische Arts-and-crafts-Bewegung gegründet, formulierte der Werkbund seine Architekturvisionen vor allem in In-dustriebauten. Neben Peter Behrens und Hans Poelzig war auch Walter Gropius selbst, der einige Zeit für Beh-rens gearbeitet hatte, in jungen Jahren ein vehementer Vertreter dieser Architekturschule.

Massive Impulse verdankte das Bau-haus der von Theo van Doesburg (1883–1931) initiierten holländischen Künstler-und Architektengruppe De Stijl (benannt nach dem Titel einer Designzeitschrift). Wie im späteren Bauhaus fanden auch hier Architektur, Design und bildende Kunst in einem unmittelbaren Verschmelzungspro-zezz zusammen. Wichtigster Exponent der De-Stijl-Bewegung war zunächst der Maler Piet Mondrian. Maxime war die Abstraktion, ein we-sentlicher Anknüpfungspunkt dabei der spanisch-französische Kubismus eines Pablo Picasso. Den uni-versellen, Kunsthandwerk und Architektur überspan-nenden Anspruch der De-Stijl-Bewegung und die immense Bedeutung für das Bauhaus hat der zunächst als Tischler und Möbeldesigner ausgewiesene Gerrit Thomas Rietveld, weltberühmt durch seinen 1922/23

Gerrit Thomas Rietveld erbaute 1924 das Haus Schröder in Utrecht.

konstruierten, heute vielfach nachgebauten »rood-bleuwe stoel« (»rot-blauer Stuhl«), paradigmatisch verkörpert. Sein 1924 erbautes Haus Schröder in Utrecht mit einer wie ein Mobile aus rechteckigen, rational ineinandergreifenden Flächen gestalteten, variablen Wand-Fenster-Struktur der äußeren Hülle und den versetzten, unsichtbar eingehängten, wie schwebend wirkenden Geschossebenen im Inneren wurde zum bahnbrechenden Muster der Bauhausarchitektur.

Zum Referenzwerk der Bauhausarchitektur geriet der von Gropius geplante und binnen zwei Jahren (1925/26) auch weitgehend realisierte neue Komplex der Kunstschule in Dessau. Werkstattgebäude, Kantine und Studentenhaus folgten strikt den Normen des Bauhausdesigns. Vor allem die »Künstlerhäuser«, die Wohnhäuser des Lehrpersonals, gelten heute in äußerer Form wie im Interieur als Meisterleistungen der Bauhausarchitektur. Sie sind jedoch ohne Rietvelds Haus Schröder kaum vorstellbar. Verschiedene nach Bauhausmaßstäben errichtete Neubausiedlungen (z. B. Stuttgart, Weißenhofsiedlung, Supervision: Max Taut, 1927; Köln, Siedlung Kalkerfeld, Planung: Wilhelm Riphahn, 1927; Dessau, Siedlung Törten, Entwürfe: Walter Gropius, 1926–28) haben dem Anspruch des Bauhausgedankens auf Massenwirksamkeit und seinem Image als ultimative Gegenwartsarchitektur dann beredt Ausdruck verliehen.

Le Corbusier und Pierre Jeanneret entwarfen das Doppelhaus 14/15 für die Weißenhofsiedlung in Stuttgart 1927.

Mit Gropius' Rücktritt von der Bauhausleitung und
der von ihm favorisierten Berufung des Architekten
Ludwig Meyer zum Nachfolger (1928) veränderte sich
die interne Balance des Bauhauses hin zu einer Architekturschule. Nach Meyers politisch motivierter Abset-
zung 1930 verstärkte sein Nachfolger, der Architekt
Ludwig Mies van der Rohe, diese bis heute imageprägende Akzentsetzung. Sein 1929 realisierter Pavillon
für die Weltausstellung in Barcelona zeigt die Fortent-
wicklung der Bauhausideen: immer weitergehende
Abstraktion, Auflösung jeder materialdominierten Tektonik, Reduktion der Architektur auf ein statisches Mi-
nimum und Interferenz zwischen innen und außen.

Im Jahr 1932 wurde, dem Druck der radikalfaschis-
tischen Rechten vorauseilend, das Dessauer Bauhaus
geschlossen. Seine Protagonisten emigrierten, Gropius 1934 und Mies van der Rohe 1937, nicht jedoch
ohne sich zuvor (erfolglos) an Wettbewerben für prominente NS-Architekturprojekte (z. B. für das Reichs-
bankgebäude, Berlin) beteiligt zu haben. In den USA
sind die Bauhausideen von Anfang an rezipiert und
den dortigen Bedürfnisssen angepasst worden. Die
sich ewig wandelnde Architektur eines Individualisten
wie Frank Lloyd Wright wäre ohne das Bauhaus kaum
vorstellbar, und sowohl Gropius als auch Mies van der
Rohe wurden hier zu viel beschäftigten und viel beachteten Architekten.

Ludwig Mies van der
Rohes Deutscher Pavil-
lon für die Weltausstel-
lung in Barcelona 1929
gilt nach wie vor als
Ikone der Ausstellungs-
architektur (Foto von
1991).

Industriearchitektur

»Form follows Function« – wohl selten ist das zentrale Credo der architektonischen Moderne, ein dem Amerikaner Louis Sullivan (1856–1924) zugeschriebenes Schlagwort, konsequenter umgesetzt worden als in der Industriearchitektur. Es war eine Bauaufgabe, die mit der Mechanisierung der Manufakturen und der beginnenden Massenproduktion im frühen 19. Jh. zunehmend an Bedeutung gewann. Industriearchitektur war dabei nicht nur Demonstrationsgegenstand für bautechnische und baugestalterische Modernität, sondern wurde auch als ein besonders hervorragendes Repräsentationsmedium verstanden – ideal geeignet, um wirtschaftliche, gesellschaftliche oder soziale Ambitionen des fabrikbesitzenden Bauherrn oder eines Konzerns in seinem unmittelbaren Umfeld zu visualisieren.

Eine universelle, damit auch unter gebrauchspraktischen Gesichtspunkten anzuwendende Formbarkeit von Baustrukturen war mit der »technischen Revolution« des 19. Jh. erreicht. Die ausgeklügelten Konstruktionen aus Ziegel, Eisen und Glas hatten hier den Weg gewiesen.

Ein zentraler, auch die äußere Form determinierender Faktor der Industriearchitektur des 19. und frühen 20. Jh. war das Licht. Ein wichtiges Bauziel bestand darin, geräumige, im Inneren flexibel und in Bezug auf die Produktion bestimmungsgerecht nutzbare Hallen zu errichten, die maximal mit Tageslicht versorgt werden

Peter Behrens baute 1909 die Turbinenhalle des AEG-Werks in Berlin-Moabit. Die Hauptfassade zeigt im »Giebel« der Halle das Firmensignet.

konnten. Insbesondere in den Jahren vor der allgemein gebräuchlichen Nutzung elektrischer Energie zur Lichtgewinnung war dies ein die Produktivität erheblich steigernder Faktor. Die Folge waren Bauten mit filigranen architektonischen Hüllen – entweder Gebäude mit riesigen Fensterfronten aus verglasten Eisenverstrebungen oder aber solche, deren Ziegelmauern bis an die Grenze der statischen Möglichkeit von unzähligen kleineren Fenstern regelrecht aufgelöst waren (z. B. die 1909/10 erbaute Kammgarnfabrik SWA in Augsburg mit fünf Geschossen und 13 riesigen Fensterachsen, im Volksmund bis heute Glaspalast genannt).

Zugleich wurde Wert auf ein schmückendes Äußeres gelegt; nicht selten sind Fabrikgebäude des 19. Jh. mit einem Dekor versehen, der demjenigen öffentlicher Staatsbauten nahekam. Denn das Fabrikgebäude, damals meist auf Privatgelände des Besitzers und nicht selten in räumlicher Nähe zu dessen Residenz gelegen (z. B. die Villa Hügel und die Kruppwerke in Essen), wurde auf diese Weise zum Bestandteil der Repräsentation einer an den aristokratischen Idealen orientierten Schicht »neureicher« Industrieller.

Neben diesen grundsätzlichen Aspekten ist der Industriebau im 20. Jh. in besonderer Weise auch Gegenstand architektonischer Pionierleistungen geworden – ein werbendes, imagebildendes Mittel und als solches in dem Maße gesteigert, in dem

Walter Gropius und Adolf Meyer entwarfen 1911 das Verwaltungsgebäude der Fagus-Werke in Alfeld an der Leine.

Industriearchitektur

Die Aufnahme von 1955 zeigt einen Blick ins gerade vollendete »Atrium« des Hauptgebäudes der Olivetti-Fabrik in Pozzuoli, ein von Luigi Cosenza entworfener Architekturkomplex.

sich einzelne Fabriken zu Konzernen, zu abstrakten, entpersonifizierten Aktiengesellschaften wandelten – immer weiter losgelöst von dem einstmals engen Verhältnis eines privaten Besitzers zu »seiner« Fabrik.

Ein beredtes Beispiel ist die von Peter Behrens, einem bedeutenden deutschen Architekten des Expressionismus, konzipierte und 1908–09 erbaute Turbinenhalle der AEG in Berlin-Moabit. Das von hohen Fensterfronten durchzogene, lichtdurchflutete Bauwerk zeigt dem Betrachter sein statisches Gerüst ganz unverblümt, bekommt auf diese Weise jedoch einen gestalterischen Zug, der an antike Tempelanlagen mit ihrer auf Säulen fußenden Statik erinnert.

In diesem Sinne erscheint dann auch, als Höhepunkt der Außendarstellung, das kunstvoll gestaltete AEG-Signet im »Giebel« des Gebäudes – an der Stelle der plastisch inszenierten Götter und Helden des antiken Tempelgiebels. Behrens' Bau kontrastiert mit den älteren Baulichkeiten der AEG – einer von zinnenbewehrten Mauern umschlossenen klassizistischen Anlage – und vermittelt demgegenüber ein gewolltes Image von Modernität, nicht aber ohne auf historische Bau- und Repräsentationsmuster zurückzuverweisen.

Ein Meilenstein des modernen Industriebaus ist die 1910–14 errichtete Fagus-Schuhfabrik in Alfeld an der Leine. Architekten waren Adolf Meyer und der junge Walter Gropius. Das Verwaltungsgebäude, ein dreigeschossiger, lang-rechteckiger Kubus mit statisch ausgeklügelter Glas-Stahlfassade und darin wie an unsichtbaren Punkten eingehängt wirkenden Geschossen und Treppenhäusern, wurde auf der Kölner Werkbundausstellung von 1914 viel diskutiert und begründete den Ruf von Gropius als Pionier der Moderne.

Ein besonders engagierter Förderer zeitgenössischer Architektur war und ist der Konzern Olivetti in Italien. Bereits die in den 1930er-Jahren im rationalistischen Stil der »faschistischen Moderne« geplanten, damals nur teilweise errichteten Fabrikanlagen in Ivrea nahe Turin waren ein

Die Siemens Bauabteilung entwarf das eigene Bürogebäude in der Münchener St.-Martin-straße, das 1992 gebaut wurde. Der als »offene«, nutzneutrale Bürostadt konzipierte Komplex vermittelt gleichermaßen Modernität und solide Gediegenheit.

Musterbeispiel gegenwartsnaher Industriearchitektur. Der Name Olivetti ist dann maßgeblich verknüpft mit der Fortführung des Razionalismo in der Nachkriegszeit; die Vollendung der Anlagen von Ivrea, vor allem aber der Neubau der Fabrik für Telekommunikationsanlagen in Pozzuoli nahe Neapel, 1951–53 von Luigi Cosenza realisiert, sind heute unstrittige Meilensteine italienischer Architekturgeschichte. Zahlreiche weitere Industriebauten haben sich an diesen Vorbildern orientiert. Der in Pozzuoli auf einstmals antik bebautem Terrain errichtete Komplex folgt mit seinen lichtdurchfluteten, aber verstreut im Gelände angelegten Kernbauten und seinen zahlreichen, auf mehrere Ebenen gesetzten, säulengestützten Verbindungs- und Wandelgängen dem Prototyp einer antik-römischen Villa, wie sie der römische Kaiser Hadrian im 2. Jh. n. Chr. bei Tivoli nahe Rom errichten ließ.

Bauten für Industrie, Handel und Dienstleistungsunternehmen sind heute erstrangige Prestigeobjekte, gewissermaßen »Aushängeschilder« der Unternehmen. Der zeitgemäßen Gestaltung der Architekturen kommt dabei für die Firmenphilosophie imageprägende Bedeutung zu, was den zum Teil erheblichen Aufwand, wie beim Siemens-Verwaltungsbau in München, begründet. Die Form folgt nur noch sehr bedingt der technisch motivierten Funktion; Repräsentation und Corporate Identity treten in den Mittelpunkt.

Rudolf Steiners Goetheanum
und die Hundertwasser-Bauten

In seiner bahnbrechenden Monografie »Architektur des Expressionismus« (1973 und 1998) hat der Kölner Bauhistoriker Wolfgang Pehnt Architekturen der Moderne versammelt, die in »expressionistisch« sprechender Manier fast skulpturenartig geformt sind. Sie künden mittels dieser die Tektonik negierenden, ausdrucksstarken Gestaltung von jeweils markanten ästhetischen, politischen, religiösen oder sozialen Vorstellungen ihrer Erbauer. Das Grundkonzept dieser Bauten geht zurück auf die *architecture parlante*, einem von französischen Architekturtheoretikern des 17. und 18. Jh. ersonnenen Konzept semiotisch-semantischer, »sprechender« Baugestaltung. Ein bedeutender Architekt dieser expressionistischen Bauauffassung im frühen 20. Jh. war Antonio Gaudí.

Rudolf Steiner, berühmt-umstrittener Begründer der Anthroposophie, griff dieses Architekturverständnis auf, als das gerade eingeweihte Goetheanum in Dornach nahe Basel, Zentrum der anthroposophischen Bewegung, in der Nacht zum 1. Januar 1923 niederbrannte und ein neuer Bau konzipiert werden musste. Nach Modellen Steiners entstand zwischen 1924 und 1928 ein kathedralenartiger, überkuppelter Bau aus Sichtbeton in exorbitant plastischer Formensprache. Die Vermeidung des rechten Winkels, hier erstmals nahezu konsequent realisiert (lediglich einige Fensteröffnungen und Türgewände folgen dem Dogma nicht), geriet zum vielfach imitierten Topos anthroposophischer Architektur. Besonders spektakulär ist die Lichtinszenierung: Das außen monochrome, betongraue Bauwerk lässt wegen seiner Plastizität ein faszinierendes Licht-Schatten-

Der Blick auf die Südwestseite im Abendlicht zeigt Rudolf Steiners Goetheanum in Dornach, Schweiz, das 1924–28 erbaut wurde.

Friedensreich Hundertwasser gestaltete den Bahnhof von Uelzen in Niedersachsen um (Modell von 1999).

spiel zu; die teilweise im Tiffanystil gestalteten großen Fenster wirken dabei als belebendes Element eines harmonischen Bauganzen. Auch im Inneren kontrastiert eine farbig gestaltete Lichtführung reizvoll mit dem vermeintlich »kalten« Sichtbeton. Entstanden ist hier ein Bauwerk, das mit expressionistischen Mitteln in eindrucksvoller Weise zu einem Abbild der Anthroposophie geriet.

Als ein später Vertreter dieses Expressionismus kann der Wiener Architekt und Maler Friedensreich Hundertwasser (1928–2000) gelten. Seine Bauten aus der Zeit nach 1970 bedienen sich, ganz im Sinne dieses Baustils, nicht nur der – nun oft ökologisch begründeten – plastischen Form, sondern vor allem der Farbigkeit. Gerade die unmittelbar mit den Gemälden Hundertwassers vergleichbare Polychromie seiner deshalb im heutigen Stadtbild enorm auffälligen Architekturen (u. a. in Wien und Plochingen bei Stuttgart) ist zu einem Markenzeichen geworden. Besonderes Interesse brachte Hundertwasser einer in diesem Sinne expressionistischen Umgestaltung vorhandener, sanierungsbedürftiger Bauten entgegen. Sein 1999 im Modell vorgestelltes und kurz darauf realisiertes Konzept der Renovierung des 1888 erbauten Bahnhofs von Uelzen bildet in seiner schnörkellos-flächigen Farbigkeit einen reizvollen Kontrast zum wilhelminischen Backsteinbau mit seinem klassizistischen Dekor.

Der architektonische Totalitarismus unter Mussolini, Hitler und Stalin

»Kunst und Macht im Europa der Diktatoren« – so hieß der beredte Titel einer 1996 in verschiedenen europäischen Hauptstädten gezeigten Ausstellung. Dass sich Architektur als Medium der Repräsentation und ideologischer Formulierung, als eine Manifestation von Herrschaft, von Veredelung der Macht auch in totalitären Systemen der Moderne in besonders vorzüglicher Weise anbietet (und sich in dieser Funktion auch der an sich progressiven Moderne ohne Skrupel bediente), zeigte diese Synopse ebenso eindringlich wie mittels eines Vergleichs die zum Teil erheblichen Unterschiede in Bauformen, motivischen Rückbezügen und Intentionen innerhalb der verschiedenen europäischen Diktaturen des 20. Jh.

Anders als die nationalsozialistische Architektur Deutschlands wird die Architektur des italienischen Faschismus, jedenfalls zu einem nicht ganz kleinen Teil, auch unter ästhetischen Gesichtspunkten seit Längerem ernsthaft diskutiert. Aus dem Strom der Moderne heraus entwickelten sich hier sehr verschiedene Architekturstile, deren Gemeinsamkeit in einer Gegenposition zum »nihilistischen«, alles Alte radikal ablehnenden Futurismus der italienischen Architekten Antonio Sant'Elia und Mario Chiattone bestand. Rückgriff auf nationale Baugeschichte, insbesondere auf die römische Antike, wurde zum Programm, das sich indessen architektonisch zunächst höchst unterschiedlich ausprägte. Die Scuola Romana (Protagonist: Marcello Piacentini) setzte auf einen modernisierten, gleichwohl monumentalen Klassizismus; Enrico del Debbios ab 1927 erbautes Foro Mussolini in Rom ist ein prominenter Beleg dieses Stils. Die Vertreter der Novecento-Richtung verwendeten klassizistisches Formengut, das allerdings weitgehend als minimalisierter Dekor an einer ansonsten auf den Prinzipien der Moderne entwickelte Architektur erschien; strukturellen Leitcharakter hatten hier die Bilder des Malers Giorgio de Chirico (1888–1978). Der Razionalismo schließlich (Protagonisten: die Vereinigung Gruppo Sette, später der Movimento per l'Architettura Razionale, MAR) prägte eine äußerlich moderne, kleinodienhaft wirkende, dabei aber mannigfach auf Gestaltungsprinzipien der Antike zurückweisende Architektur (»weiße Moderne«). Ein Musterbau war die 1932–36 in Como von Giuseppe Terragni, dem Pionier des Razionalismo, errichtete Casa del Fascio, das regionale Hauptquartier der faschistischen Partei. Alle drei Richtungen bedienten sich architekturtheoretischer Legitimation und konkurrierten nicht nur in ihren Schriften, sondern auch im Kampf um die Bauaufträge. Erst in den späten 1930er-Jahren wurden die vorhandenen »Schulen« zu einer Art Reichsstil verschmolzen, der insbesondere dem gedanklich anspruchsvollen Razionalismo die Spitze nahm. Ein Schwerpunkt faschistischer Architektur lag darüber hinaus auf städtebaulichen Konzepten. Komplette Reißbrettstädte, wie der innerhalb der trockengelegten Pontinischen Sümpfe südlich von Rom gegründete Ort Sabaudia, gerieten zu Mustern faschistischer Architektur- und Gesellschaftsvorstellungen.

Die Casa del Fascio in Como, Italien, kontrastiert als architektonisches Kleinod mit der monumentalen barocken Umgebung und visualisiert mit ihrer transparenten, glashausähnlichen Architektur die wechselseitige Kontrolle von Volk und Machtapparat (Luftaufnahme von 1936).

Der in einer Konkurrenzsituation pluralistisch und mit intellektueller Kompetenz ausformulierte Rückverweis einer »Staatsarchitektur« auf nationale Bauformen und Bautraditionen italienischer Ausprägung war indessen nicht das primäre Anliegen der Nationalsozialisten Deutschlands. Die Architektur des »Tausendjährigen Reiches«, die wegen der unvorhergesehen kurzen Dauer dieser Ära überwiegend in Form von Modellen und Zeichnungen, weniger in Gestalt realisierter Bauten überliefert ist, trägt hier eher monarchische Züge.

Die Modelle im gleichen
Maßstab nebeneinander
vermitteln anschaulich
ein Verhältnis der Pro-
portionen: die giganti-
sche Große Halle des
Volkes von Albert Speer,
1939 (320 m Stichhöhe
der Kuppel über einem
Grundrissgeviert von
330 x 330 m), der Ber-
liner Reichstag von Paul
Wallot (1884–94) und
das verglichen damit filigran wirkende klassizis-
tische Brandenburger
Tor von Carl Gotthard
Langhans (1789–91).

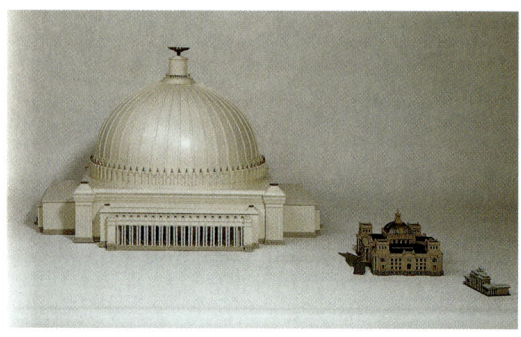

Sie wollte Betrachter und Benutzer durch schiere Größe und Prunk beeindrucken und zur Unterordnung
zwingen. Ein von Albert Speer überliefertes Hitlerzitat
über die geplante Große Halle des Volkes mit ihrem
riesigen, 200 000 Personen fassenden Kuppelraum
macht diese Intention unmissverständlich klar: »Lassen Sie einen kleinen Bauern in unsere große Kuppel-
halle treten. Dem bleibt schier der Atem weg. Der
Mann weiß fortan, wohin er gehört!«

Die NS-Architektur mit ihrer massiven Quaderbauweise, kantigen Pilastern, kapitellverzierten Säulen
und optisch raffiniert gegliederten Fassaden wurde immer wieder als umfassend von der Antike inspiriert an-
gesehen. Tatsächlich aber ist diese Architektur eklek-
tisch, mischt verschiedenste historische Bezüge. Barock, Renaissance, Romanik und frühchristlicher
Kirchenbau finden sich hier aufgegriffen, und wenn es
benennbare Rückbezüge auf die Antike zu beobachten
gibt, so betreffen sie weniger die eigentliche Antike als
vielmehr die verschiedenen »Stufen« eines neuzeit-
lichen Klassizismus. Beispielhaft in diesem Sinne ist
die Abschlussbebauung des Münchener Königsplatzes,
von Paul Ludwig Troost kurz vor seinem Tod 1934 konzipiert und 1937 vollendet. Die pilastergestützten Pavillons (»Ehrentempel«) stellen sich in unmittelbare
Formanalogie zu den platzbeherrschenden Klenzebau-
ten des 19. Jh. Das »Antikische« gerinnt zu einem Ver-

weis nicht auf das Altertum, sondern auf eine national-
klassizistische Architekturtradition des 19. Jh.

Nicht minder historistisch orientiert tritt die Architektur des sowjetischen Stalinismus vor Augen, hier allerdings von Anfang an fokussiert auf zaristisch-ortho-
doxe, also vorrevolutionäre und damit in hohem Maß
national geprägte Baumuster – ein kurioser Wider-
spruch einer international ausgerichteten Ideologie mit
führenden Repräsentanten einer künstlerisch-architek-
tonischen Avantgarde wie El Lissitzky. Die Moderne
spielt in dieser nach eigenem Bekunden fortschritt-
lichsten aller Gesellschaften überraschenderweise
praktisch keine Rolle. Der »imperiale Stil für Proleta-
rier« nutzt vielmehr verschiedene nobilitierende Vorbilder aus Antike, Renaissance und Barock (Theater der
Roten Armee, Moskau, 1935–40; Moskauer U-Bahnhö-
fe). Er setzt dann in der Nachkriegszeit vor allem auf
einen (auch in weitere Warschauer-Pakt-Staaten ex-
portierten) ornamentalisierten »Zuckerbäckerstil« (Lo-
monossow-Universität, Moskau, 1948–52), der mit
seinen ins Riesige getriebenen Verschnörkelungen Ori-
ginalität und, orientiert an zaristischem Dekor, die Ver-
gewisserung einer national-kollektiven Identität erreichen wollte.

Die Lomonossow-Uni-
versität in Moskau ist
ein anschauliches Bei-
spiel der stalinistischen
»Zuckerbäckermoderne«.

Temporäre Bauten

In fast allen Gesellschaften gilt Architektur als eines der dauerhaftesten und damit wirkungsmächtigsten kulturellen Medien. Jahrhundertealte Bauten zeugen selbst als Ruinen noch von ihrem einstigen Aussehen, Zweck und ursprünglicher Bedeutung, und viele historische Architekturen sind über Generationen hinweg in Gebrauch geblieben. Dabei gerät schnell in Vergessenheit, dass es eine parallele Gattung von Architektur gibt, bei der dies keineswegs selbstverständlich, ja sogar programmatisch anders ist: temporär errichtete, nach begrenztem Gebrauch wieder entfernbare Bauten. Solche Phänomene gab es zu allen Zeiten, und oft bildet ihre Kenntnis, die naturgemäß begrenzt ist, da diese Architekturen nicht erhalten blieben, eine wichtige Ergänzung für das Architekturverständnis einzelner Epochen.

Bereits in der Antike haben temporäre Bauten verschiedenster Art eine bedeutende Rolle gespielt. Zahlreiche Zeremonial- und Festarchitekturen griechisch-hellenistischer Könige (4.–1. Jh. v. Chr.) sind in der antiken Literatur als aufsehenerregende Beispiele von Herrscherprunk erwähnt und zum Teil ausführlichst beschrieben: das Festzelt Alexanders des Großen, das gigantische, aus vergoldetem Holz erbaute Prunkschiff des Ägypterkönigs Ptolemaios IV. (ein regelrecht schwimmender Palast), vor allem aber das mit Purpur, Gold und Elfenbein immens reich ausgestattete Festzelt Ptolemaios' II. Auch in der römischen Antike waren temporär errichtete Holzbauten zahlreich, hier jedoch eher das Produkt pragmatischer Erwägungen: Bis weit ins 1. Jh. v. Chr. war es üblich, Tribünenanlagen für Schauspiele und Gladiatorenkämpfe nur kurzfristig auf- und gleich nach Beendigung der Aufführungen wieder abzubauen. Die Ansammlung aufgeputschter, fanatisierter Menschenmassen galt dem Senat als hochgradiger Risikofaktor.

Neben den auf- und abbaubaren Tribünenanlagen, die in nahezu allen nachantiken Phasen der Architekturgeschichte anzutreffen sind (etwa bei Ritterspielen), und den vergänglichen Zelt- und Naturarchitekturen nomadisierender Stämme war es seit dem 16. Jh. vor allem das Prinzip der Kulisse, das die Illusion von Bauten hervorbrachte. Ein frühes, legendär gewordenes Beispiel sind die Potem-

Die architektonische Kulisse aus dem Film »Metropolis« von Fritz Lang (1929) war für die Bühnen- und Kulissenarchitektur über Jahrzehnte stilbildend.

Die (nicht mehr existierende) VebaCom präsentierte 1996 auf der CeBIT in Hannover ihren viel beachteten Messestand als mehrgeschossiges, offenes Haus.

kin'schen Dörfer, Häuserkulissen, mit denen Prinz Gregori Potemkin die Zarin Katharina die Große über den wahren sozialen Zustand ihres Reiches hinwegtäuschte. Ebenfalls Ergebnis einer Illusion waren, Jahrhunderte später, die zahlreichen hölzernen Architekturkulissen der Werkstätten im Umkreis Albert Speers – NS-Architektur im Maßstab 1:1, nur als ausschnitthaftes Modell gebaut.

Insbesondere in Theater und Film ist das Prinzip der Architekturkulisse von großer Bedeutung – und dabei oft von verblüffender Wirkungsmacht. Die heute weit verbreitete Vorstellung vom Aussehen einer amerikanischen Wildwestkleinstadt ist eine klischeehafte Fiktion, erzeugt durch die Verwendung stereotyper Kulissen in den Hollywoodfilmen der 1940er- und 1950er-Jahre. Raffinierte Visualisierungstechniken machten Filmarchitekturen der Gegenwart wie diejenigen des 1982 entstandenen Films

»Blade Runner« mittels illusionistischer Verfahren möglich. Der Filmarchitekt Lawrence G. Paul führte 1992 hierzu aus: »Für die Bauten im Film [Blade Runner] brachte ich Fotografien von Mailand mit, wo wir Arkaden, Säulen, klassizistische Details aufgenommen hatten (…) Wir mischten Ägyptisches mit Art déco, Klassizismus mit Frank Lloyd Wright und Gaudí. Schließlich hatten wir Bilder einer Stadt, die an Conan den Barbaren im Jahre 2020 erinnerten.«

Ein weiterer wichtiger Anwendungsbereich temporärer Architektur ist schließlich seit den 1930er-Jahren der Messestand geworden: ein oft nur einmal verwendetes Schaustück, dabei gewissermaßen eine Mischung aus Kulisse und »realer« Architektur. Ähnlich einer Theater- oder Filmkulisse lassen sich hier fantasievollste Arrangements erstellen, die zugleich auch insofern als Bauten dienen, als sie ein betretbares Inneres, ein Innenleben aufweisen. Konzeption und Design von Messeständen sind heute durchdachte und kalkulierte Aufgaben für Spezialisten. Ganz ähnlich wie in der Gestaltung von Industriearchitektur gilt es hier, gezielt Werte und Charaktere eines beworbenen Produktes bzw. die Identität eines Unternehmens in Szene zu setzen, wozu Verweise auf historische Traditionen ebenso gehören können wie der rigorose Rekurs auf zeitgenössisch-hypermoderne Raum- und Formkonzepte.

Triumph der Moderne?

Die Weltarchitektur der Dekaden nach 1945 hat derart zahlreiche Erscheinungsformen mit teils lokaler, teils internationaler Verbreitung gefunden, dass es kaum möglich ist, einen vollständigen, repräsentativen und ausgewogenen Überblick zu geben. All diesen Erscheinungsformen gemeinsam ist ein positives Verhältnis zur Klassischen Moderne und deren Vorläufern insofern, als die Architektur der Zeit von 1910 bis 1930 als unbestreitbares Fundament dieser neuen Architektur-

1945
Gründung der UNO in San Francisco
1946–47
Bürgerkrieg in Griechenland
1948–49
Sowjetische Blockade Berlins (»Luftbrücke«)
1949
Gründung der NATO vonseiten der Westalliierten, Beschließung des Grundgesetzes der Bundesrepublik Deutschland
1950–53
Koreakrieg
1953
Tod Stalins, Chruschtschow als Nachfolger, Viermächtekonferenz in Berlin
1954–62
Befreiungskrieg Algeriens von der Kolonialmacht Frankreich
1954
Gründung des Warschauer Paktes
1956
Suezkrise
1957
Römische Verträge begründen die EWG
1960–65
Unabhängigkeitskrieg Kongos gegen Belgien
1961
Errichtung der Berliner Mauer
1962
Kubakrise
1963
Ermordung des amerikanischen Präsiden-

ten John F. Kennedy
1964–73
Vietnamkrieg
1967
Sechstagekrieg zwischen Israel und Ägypten
1968
Machtwechsel in der CSSR: Einmarsch sowjetischer Truppen und Niederschlagung des Prager Frühlings, Studentenunruhen in Deutschland und Frankreich
1978–79
Fundamentalistisch-islamische Revolution im Iran
1989
Fall der Berliner Mauer, Beginn der Auflösung des Sowjetimperiums
1990
Wiedervereinigung Deutschlands unter Berücksichtigung der 1945 faktisch gewordenen Ostgrenze zu Polen, Tschechien und der Slowakei
1990–91
Golfkrieg einer UN-Allianz gegen den Irak nach dessen Invasion in Kuwait
1992–99
Kriegerischer Zerfall Jugoslawiens, 1999 NATO-Einsätze im Kosovo
2001
Einsturz der Twin Towers des World Trade Center in New York nach terroristischen Anschlägen (11. September)

formen und Baukonzepte dient. Eine markante Abwei-
chung von der Norm bietet hier lediglich die Postmoderne. Man kann dies auch negativ formulieren: Von
ganz wenigen Ausnahmen abgesehen, hat die Gegenwartsarchitektur ihre historischen Vorbilder allenfalls
recycelt und ergänzt, nicht aber überwunden.

Unmittelbar in der Klassischen Moderne verwurzelt,
dabei durchaus zu Recht als ihre formale wie inhaltlich-
soziale Perversion charakterisiert ist das, was heute
unter dem Schlagwort Brutalismus (abgeleitet von französisch *beton brut* = Rohbeton) subsummiert wird.
Zuerst verwendeten Alison und Peter Smithson den
Begriff für ein besonders puritanisches Baukonzept, bei
dem unbedingte Materialtreue, komplette Sichtbarkeit
aller verwendeten Baustoffe und vollständiger Verzicht
auf Verblendung und Verputz dominierte. Brutalismus
in heutigem Verständnis geht indessen weiter und umfasst auch ein zunehmend inhumanes Konzept von
Wohnen und Städtebau. Le Corbusiers »Wohnmaschi-
nen«, riesige Hochhauskomplexe mit nahezu vollständiger städtischer Infrastruktur, Wohn-, Versorgungs- und
Arbeitseinheiten, die ihre Bewohner im »Idealfall« gar
nicht mehr zu verlassen brauchten, sind die Vorläufer
der trostlosen, ghettoartigen Betontrabantenstädte,
wie sie seit den 1950er-Jahren als architektonisches
wie gesellschaftliches Ideal gefeiert wurden (und sich
wenig später als fataler Irrweg erwiesen haben).

Le Corbusiers Unité
d'Habitation in Marseille,
erbaut 1945–51, wird
gerne als prototypische
»Wohnmaschine« be-
zeichnet. Ein ähnliches
Gebäude mit Dachgär-
ten, Geschäften, Büros
und variabel geschnit-
tenen, sich zum Teil über
drei Stockwerke erstre-
ckenden Wohnungen
entstand in den 1950er-
Jahren nahe dem Olym-
piastadion in Berlin.

Ein Meisterwerk des
Dekonstruktivismus ist
das Vitra Design Muse-
um in Weil am Rhein,
das Frank Gehry ent-
worfen hat. Es wurde
1987/89 erbaut.

Ein mit dem Brutalismus hinsichtlich der Materialtreue verwandter, dessen rigidem Rationalismus jedoch genau entgegengesetzter und damit diesem Konzept radikal widersprechender Architekturansatz war der Plastizismus – fantasiereiches skulpturales Bauen mit dem universal formbaren Rohstoff Beton, das an den Expressionismus der 1920er-Jahre anknüpfte. Höhepunkte dieser Architektur, die die 1950er-Jahre entscheidend prägte, sind Le Corbusiers Wallfahrtskapelle Notre-Dame-du-Haut in Ronchamps und Frank Lloyd Wrights Guggenheim-Museum in New York.

Ein bis heute gehätscheltes Kind der 1960er-Jahre ist die futuristisch wirkende Hightecharchitektur – in gewisser Weise eine Fortsetzung der Glas-Eisenbauten des 19. Jh. mit modernen Mitteln. In idealer Weise konnte Modernität hier durch Röhren- und Gerüstkonstruktionen mittels eingehängter, vielfach verschränkter Geschossebenen und weitestgehend aufgelöster Außenfassaden visualisiert werden – Bauen als Ausdruck der Kommunikationsgesellschaft. Berühmte Beispiele dieser Architekturrichtung sind das Münchener Olympiastadion (1968–72, Architekten: Günther Behnisch und Partner), vor allem aber das Pariser Centre Georges Pompidou. Dass dieser »Stil« noch heute wie kein zweiter von Modernität kündet, machen spätere Beispiele wie etwa diejenigen in London deutlich. Das Lloyds Building (1979–84, Architekt: Richard Rogers) ist unübersehbarer Blickfang im architektonisch zunehmend »umkämpften« Bankenviertel der City. Weitere Bauten in diesem Hightechstil finden sich entlang der Themse in den während der 1980er-Jahre umgestalteten Docklands (z. B. am East India Dock mit dem Drucke-

Das während seiner Errichtung 1971–77 höchst umstrittene Centre Georges Pompidou in Paris, konzipiert von den Architekten Renzo Piano und Richard Rogers, gilt heute als ein Musterstück moderner Hightecharchitektur.

reigebäude der »Financial Times«, erbaut von Nicholas Grimshaw 1986–88).

Der Dekonstruktivismus der 1990er-Jahre ist die
vielleicht originellste Architekturkonzeption der zweiten Hälfte des 20. Jh. Auch sie ist indessen nicht ohne
Vorbilder, denn sie bezieht sich, wie bereits die von
Philip C. Johnson im Rahmen einer Ausstellung 1988
geprägte Bezeichnung impliziert, auf den russischen
Konstruktivismus der 1920er-Jahre. Maxime ist die
»gestörte Perfektion«, der überraschende Bruch mit
Gewohntem. Das Motto »Form follows function« findet
sich zu einem fröhlich-unbekümmerten »Form follows
phantasy« (Bernard Tschumi) abgewandelt. Die gebauten Resultate wirken bisweilen, als hätte ein kindlicher
Riese seltsam schräge Gebilde aus Bauklötzen anei-
nandergefügt. Neben Bernard Tschumi und dem Büro
COOP Himmelb(l)au gilt insbesondere der Amerikaner
Frank Gehry als Protagonist des Dekonstruktivismus.
Meilensteine dieser Architekturkonzeption sind sein
1987/89 in Weil am Rhein erbautes Vitra Design Museum und das Guggenheim-Museum in Bilbao, Spanien
(beendet 1997).

Daneben gibt es zahlreiche prominente Architekten
und zeitgenössische Tendenzen, die sich schwer in
Stil- oder Designkategorien einordnen lassen. Der
Amerikaner Richard Meier ist solch ein »Wanderer zwischen den Welten«. Einem ornamentfreien Minimalis-
mus in der Nachfolge von Adolf Loos, einem Struktu-
ralismus in der Art der niederländischen De-Stijl-Bewegung und ihrem modernen Anhang, der »weißen
Moderne« des italienischen Razionalismo, aber auch
einer klassizistischen Postmoderne verpflichtet steht,
wie etwa der 1998 eröffnete Neubau des J.-P.-Getty-
Centers in Santa Monica in den USA zeigt, Meiers
höchst markantes Œuvre heute zwischen allen Stilen.
Einem romantizistischen Hightechstil zuzurechnen
sind die Hochhausbauten des deutschstämmigen Architekten Helmut Jahn. Ebenfalls jenseits der skizzier-

Das Guggenheim-Muse-
um in New York wurde
von Frank Lloyd Wright
1956–59 erbaut. Ram-
pen und Spiralen als »ur-
amerikanische« Archi-
tekturelemente, wie sie
in Drive-in-Restaurants
oder Parkhäusern vor-
kommen, formen den
spektakulär-expressio-
nistischen Bau mit aller-
dings begrenzter Nutz-
barkeit für den Muse-
umsbetrieb.

ten Kategorien findet sich ein moderner Funktionalis-
mus – Architektur, die ihren Zweck erfüllen will und
zugleich in der Ansicht ihre moderne Konstruktion ver-
rät. Deutscher Protagonist ist hier das Hamburger
Büro Gerkan, Marg & Partner (Neue Leipziger Messe,
1993–95; Terminal 2 des Flughafens Hamburg, 1990–
93). Eine führende Rolle im technischen Sinn der
Architektur spielte der Pionier des Spannbetonbaus,
Fritz Leonhardt (1909–1999), dessen Brücken- und
Turmkonstruktionen ab den 1940er-Jahren für Furore
sorgten (Autobahnbrücke Köln-Rodenkirchen, 1941;
Stuttgarter Fernsehturm, 1954).

Die Schattenseiten modernen Wohnens
Seit der Mitte des 20. Jh. sind die Bevölkerungszahlen
der Metropolen förmlich explodiert. Landflucht und der
allzu oft erfolglose Versuch, in den Ballungsräumen ein
bescheidenes Auskommen zu finden, haben besonders
die städtischen Zentren der Dritten Welt zu sozialen
Brennpunkten werden lassen. Nahezu 10 bis 20 Millionen Menschen leben derzeit in Lagos, Mumbai (Bom-
bay) und Mexico City, kaum weniger in Kairo, São Pau-
lo oder Rio de Janeiro.

Diese Entwicklung blieb nicht ohne Auswirkung auf
die Architektur, ja eine völlig neue Kategorie von Architektur entstand im Zuge dieses dramatischen sozialen
Wandels. Triebfedern waren Not und Elend, und es
mag erstaunen, solche Zeugnisse überhaupt zum Gegenstand einer Architekturgeschichte zu machen.
Denn nicht von hehrer Baukunst ist hier Rede, sondern
von Architektur in ihrem elementarsten Sinne – als
schützende Behausung. Und dennoch bildet diese Bauweise ein markantes Indiz für die soziale Situation in
der zweiten Hälfte des 20. Jh. Auf der Suche nach Un-
terkunft entstanden in den heillos übervölkerten Metropolen riesige Slums. Neue Stadtteile auf dafür kaum
geeignetem Terrain, ohne jede Infrastruktur, ohne Straßen, Kanalisation, Strom- und Wasserversorgung und

ohne jegliche Planung wuchsen wie im Zeitraffer. Bauten der primitivsten Art entstanden hier, oft kaum mehr als ein behelfsmäßiger Schutz vor Regen und Kälte. Und allzu oft blieben es die einzigen baulichen Maßnahmen der städtischen Behörden, solche Slums niederzureißen und ihre Bewohner zu vertreiben oder aber solche Siedlungen mit hohen Mauern zu umgeben, um sie auf diese Weise aus dem Stadtbild »auszugrenzen« – jeder Besucher von Rio de Janeiro kennt den erschreckenden Kontrast zwischen dem mondänen Strandleben an der Copacabana und dem Elend der unmittelbar angrenzenden, jedoch erst auf den zweiten Blick wirklich erkennbaren Armenviertel.

Innerhalb der Slums herrscht massivste Armut, dabei jedoch keineswegs Gleichheit der Bewohner. Wesentlicher Ausweis der sozialen Stellung einzelner Familien ist eben der Charakter ihrer Behausung. Wer eine Wellblechhütte sein Eigen nennt, gehört im Slum durchaus zu den »Habenden«. Er besitzt ein vergleichsweise festes Gebäude – oftmals gar mit bescheidenem »Komfort« wie etwa mehreren Zimmern, einem regendichten Dach, verschließbaren Fenstern und mit sogar etwas Mobilar ausgestattet. Den Bewohnern von leichten Hütten, deren Holzkonstruktion mit alten, häufig löchrigen Plastikplanen einen demgegenüber eher dürftigen Schutz vor Wind und Wetter bieten, geht es

Ein Zeugnis für die Armut in der Dritten Welt sind die dürftigen Wellblechhütten in einem Slum von Mumbai, Indien (Fotografie von 1999).

Elend gibt es auch in der Ersten Welt, wie eine verslumte Wohnsiedlung in Liverpool, England, zeigt (Fotografie von 1998).

da schon erheblich schlechter – und dennoch allemal besser als den wirklich Obdachlosen, die mit nichts als einer Decke auf der Straße nächtigen.

Die Slums in der Ersten (westlichen) Welt unterscheiden sich von denen der Dritten Welt nur graduell. Ganze Viertel von Großstädten sind in den letzten 40 Jahren im Zuge der sozialen Erosion, der Entstehung von Massenarbeitslosigkeit durch die Umbrüche der Industriegesellschaft, zu Slums verkommen. Besonders drastische Formen nahm diese Ausgrenzung in den Metropolen der USA, Englands und in den Banlieus der Großstädte Frankreichs mit ihrer besonderen Migrationsproblematik an. Große Areale mit Mietshäusern, die einst als Spekulationsobjekte errichtet worden waren, wurden zu Zentren des Elends, in denen alternative, oft kriminelle Erwerbssysteme und, damit verknüpft, neue Hierarchien entstanden. Die »Verslummung« vollzieht sich hier oft binnen kurzer Zeit, gleichermaßen durch den ungebremsten Zuzug und die Entfaltung sozialer Problemgruppen in solchen Vierteln mit billigem Wohnraum wie auch durch den damit einhergehenden Wegzug der »Altbewohner«: eine sich selbst verstärkende, immer dynamischer werdende Entwicklung.

Die Grenze vom sozialen Wohnungsbau zum Slum ist dabei fließend. Die einst in den höchsten Tönen gefeierten Neubausiedlungen Ostberlins – als moderner Ersatz für fehlenden Wohnraum in den 1970er- und

1980er-Jahren in rationeller, aber wenig haltbarer Plattenbauweise errichtet – haben sich, ebenso wie die Trabantenstädte des Baukonzerns Neue Heimat im Westen Deutschlands, nicht nur als Perversion der architektonischen Moderne entpuppt, sondern überdies als sozialer Sprengstoff. Der Verfall der Hochhäuser ist nur mit immensen Geldmitteln aufzuhalten. Längst sind nicht nur die damaligen Berliner Vorzeigesiedlungen Hellersdorf und Marzahn in den Prozess der Verslummung übergegangen und werden zunehmend zu sozialamtlich subventionierten Quartieren gesellschaftlicher Randgruppen, zu architektonischen Symbolen von Gewalt, Elend und Hoffnungslosigkeit.

Neue Nutzung alter Bauten

Die Sanierung und Neunutzung alter Bausubstanz erscheint vordergründig als ein markantes Phänomen der Gegenwart – ein ökologisch und museal motivierter Umgang mit Architektur, der sich mit diesen »neuen«, positiven Werten radikal abgrenzt vom destruktiven Primat der Abrissbirne und dem sozial schädlichen Betonbrutalismus, wie er bis in die späten 1970er-Jahre vorherrschte. Doch ist das Prinzip, überkommene Bausubstanz nötigenfalls auch in völlig veränderten Kontexten zu nutzen, beileibe nichts Neues. Dies findet sich in praktisch allen Kulturen und zu allen Zeiten wieder, und welch verschiedene Motive dem zugrunde liegen können, zeigt ein Blick auf die Metropolen Italiens mit ihren dichten Übereinanderlagerungen von historischer Baumasse besonders deutlich.

Mit dem Niedergang der antiken Bauten Roms wurden die Ruinen vielfältig neu genutzt; oftmals als Steinbrüche, mithin als »Quellen« für neue Bauten. Doch nicht selten waren es die riesigen Überreste der antiken öffentlichen Bauten selbst, deren Hüllen nun bewohnt und dementsprechend umgebaut wurden. Seit dem 12. Jh. war das Kolosseum, das größte Amphitheater der Antike, zunehmend dicht besiedelt. In den ein-

Das Marcellustheater in Rom, erbaut 12 v. Chr., ist in seinem obersten Stockwerk seit dem Mittelalter bis heute bewohnt.

zelnen Geschossen und Gängen entstanden abgegrenzte Wohnungen, die über ein neu eingezogenes Treppenlabyrinth erreichbar waren. Was Archäologen des 19. Jh. hier entfernt haben, lässt sich beim antiken Marcellustheater, in bester Innenstadtlage nahe der Piazza Campo dei Fiori in Rom, noch heute betrachten: Das gesamte Obergeschoss der Ruine ist von Wohnungen durchsetzt, der untere Bereich von Werkstätten und Läden. Sogar die im 15. Jh. erbaute, einstmals trutzig-wehrhafte Stadtmauer Neapels ist, in ganz ähnlicher Weise, im 19. Jh. in Wohnarchitektur einbezogen und zu Wohnarchitektur umfunktioniert worden.

In allen diesen Fällen war das heute bisweilen kurios anmutende Ergebnis ein Resultat sozialer Not, begründet in eklatantem Wohnraummangel. Heute stellt, ganz im Gegensatz zu diesen Beispielen, das Restaurieren von alter Bausubstanz zu privaten Wohnzwecken nicht selten ein Luxusphänomen dar. Aufwendig sanierte, bisweilen sogar zu größeren »Wohneinheiten« zusammengelegte großstädtische Altbauwohnungen, mondän ausgebaute, einstmals baufällige ländliche Anwesen oder raffiniert zu Wohngebäuden umgestaltete aufgegebene Bahnhöfe oder Mühlen – gerade sie zeigen aktuelle Trends und Ambitionen einer gut verdienenden gesellschaftlichen Gruppe.

Von anderer Dimension und auch von anderer Intention geprägt sind Umwandlungen und Neunutzungen großer öffentlicher oder industrieller Baukomplexe, wie sie in den vergangenen Jahrzehnten als denkmalschützerische Maßnahme international üblich geworden sind. Durchgesetzt hat sich hier als architekturerhaltendes Konzept eine Neunutzung solcher Komplexe als Museum, Kultur- oder Bürgerzentrum, verschiedentlich auch als karitative Einrichtung: eine Überführung der Bauten in eine öffentliche oder soziale, daher politisch meist unstrittige Nutzung. Ein berühmtes Beispiel ist die Restaurierung und anschließende museale Nutzung des Gare d'Orsay, einem 1897 erbauten, seit 1945

Das Innere des Gare d'Orsay beherbergt heute ein viel beachtetes Museum direkt an der Seine. Der Bahnhof entstand nach Plänen von Victor Laloux und wurde zur Weltausstellung von 1900 in Betrieb genommen.

Olympiastadion, München

Sport- und Freizeitarchitektur

Bereits im antiken Rom gab es – entsprechend dem Motto
»Brot und Spiele« – ein großes architektonisches Repertoire
von Bauten, die Freizeit und Vergnügen dienten: Die Freizeitkul-
tur der Gegenwart hat sich dieser Bautypen, aber auch ihres
einstigen Charismas intensiv bedient. »Römisch« sind die heutigen Sportstadien, die mit ihrer rängegesäumten Ovalform auf
dem Urtyp der Arena, dem römischen Kolosseum, basieren.
Von »römischem« Luxus und Dekadenz angehaucht sind auch
zahlreiche »Spaß«-Bäder, die seit den 1980er-Jahren entstanden sind. Und in ähnlichem Sinne »römisch« inspiriert sind
nicht zuletzt zahlreiche Kasinobauten.
Ein Tummelfeld zeitgenössischer, nicht retrospektiv ausgerichteter Architektur sind demgegenüber zwei weitere Typen von
Freizeitarchitektur: das Theater und das Museum. Bereits seit
der Renaissance wird das antike Freilufttheater überdacht und
zunehmend von den aufführungstechnischen Bedingtheiten
geprägt. Eine Variante des »klassischen« Theaterbaus ist das
Kino, seit ca. 1910 eine eigene Bauform (Kinematografen-The-
ater am Cottbusser Tor in Berlin, erbaut von Bruno Taut), die in
den USA der 1920er-Jahre zunehmend zur dekorüberladenen
rahmenden Kulisse der Filme gerät. Das prunkvolle, klassizis-
tisch-edle, exklusive Museum des späten 18. und des 19. Jh. –
Pionier ist das 1753 gegründete British Museum in London –
ist im späten 20. Jh. breiten Bevölkerungsschichten geöffnet
worden und dabei zu einer höchst profilierenden
Architekten- wie auch Bauherrenaufgabe geworden. Sie ermöglicht neben innerer Funktionalität einen großen Freiraum
für markante äußere Gestaltung. Es gibt keinen prominenten
Architekten der Moderne, Postmoderne und Gegenwart, der
nicht mit einem intensiv diskutierten Museumsentwurf in
Erscheinung träte.

nicht mehr betriebenen Bahnhof in Paris. Ein demgegenüber eher pragmatischer Umgang findet sich verschiedentlich in den USA: Spektakulär war die Restaurierung der 1978 stillgelegten Union Station in St. Louis in Missouri. Der 1894 eröffnete Bahnhof, eine prachtvolle Jugendstilarchitektur, wurde mit viel Fingerspitzengefühl zu einem Einkaufszentrum mit angeschlossenem Hotel verwandelt. Und auch das denkmalgeschützte Leon-H.-Blum-Haus in Galveston, das als eines von wenigen Gebäuden die Flutkatastrophe von 1900 überstand, mutierte von einem Kaufhaus zu einem heute viel besuchten Luxushotel.

Die Postmoderne

Betrachtet man heute die unmittelbar zurückliegende architektonische Vergangenheit, dann bleibt, neben einer Vielzahl mehr oder weniger zutreffend schlagwortgeprägter Konzepte, wohl allein die Postmoderne als kohärenter, aus gegenwärtiger Sicht vergangener, historischer Stil erkennbar. Lange bevor sie sich in ihren so markanten Bauformen präsentierte, war sie als ein theoretisches Modell in Architektenkreisen allgegenwärtig: als bewusst vollzogene Abkehr von einer ausgezehrten Moderne, ja als deren Gegenentwurf. »Less is more« (»weniger ist mehr«), postulierte einst der Protagonist der Moderne, Mies van der Rohe, »Less is a bore« (»weniger ist langweilig«), so provozierte Robert Venturi in seinem Buch »Complexity and Contradiction in Architecture« 1966. Und Charles Jencks, neben Venturi einer der Gründerväter der Postmoderne, schuf eben diesen Begriff für das neue Bauen in seinen zahlreichen Schriften (»Die Sprache der postmodernen Architektur«, 1977; »What is Postmodernism«, 1984). Die Stoßrichtung war klar: Überwindung der Moderne, weg von dem nihilistischen, Traditionen negierenden, menschenfeindlichen Konzept, hin zu einem Baustil der »alten« Werte mit Ornament und Farbe, Symmetrie, eklektischer Formverwendung, Rückgriffen auf Ge-

Die Portalentwürfe
Robert Venturis von
1977 zeigen ein Ensem-
ble historischer Gestal-
tungsformen als Basis
und Anknüpfungspunkt
für eine »offene« histo-
ristische Postmoderne.

schichte, Harmonie und etablierten Würdeformeln.
Venturis paradigmatische Entwürfe für ein Portal, in ihrer Zusammenstellung fast an die Art früherer Architek-
turmusterbücher erInnerend, zeigen beispielhaft die
Hintergründe und Folgen dieses neuen Historismus.

Was in diesem Sinne seit den späten 1970er-Jahren
an Bauten entstand, ist schwerlich neutral zu betrachten oder zu beschreiben. Von Anfang an hat die Postmoderne die Auffassungen gespalten und insofern
belebend auf die Gegenwartsarchitektur gewirkt, als
klare Stellungnahme zu ihren Formen wie ihren ideologischen, reaktionär-rückwärtsgewandten Hintergrün-
den für jeden Architekten, Kritiker und Bauhistoriker
unabdingbar wurde. Hieraus ist, aus der Sicht des
rückblickenden Historikers, jedoch für das heutige Verständnis ein Dilemma erwachsen: Zahlreiche vermeintlich architekturhistorische Publikationen stammen aus

der Feder von in die Postmoderne involvierten Architekten (neben den Büchern von Jencks vor allem Robert A. M. Sterns berühmte Abhandlung »Modern Classicism« von 1988, deutsch 1990). Verschiedentlich haben darüber hinaus bedeutende Architekturhistoriker in ihren Darstellungen der Postmoderne ihr kritisches Augenmaß verloren (Heinrich Klotz, »Moderne und Postmoderne«, 1984). Ein abwägender Nachvollzug dieser Architektur durch den Nicht-Fachmann ist dadurch nicht unerheblich erschwert.

Zeigten Venturis Entwurfsmuster für ein Portal noch einen fast historistisch anmutenden Rückgriff auf verschiedenste, gleichberechtigt nebeneinanderstehende Epochen der Architekturgeschichte, so verengte die »reale« Postmoderne dies bald auf eine Kombination von »kantiger« Moderne und klassischer Antike. Als eine Initialzündung des »modernen Klassizismus« gilt das von Philip C. Johnson (1906–2005) zwischen 1978 und 1983 erbaute ATT-Building in New York – als »Wolkenkratzer« gattungsgeschichtlich der Moderne, in seiner symmetrisch gestalteten, pilasterartig durchfensterten Fassade und seinem »gesprengten« Giebel als Dachabschluss jedoch der Antike verpflichtet. Der Rückgriff auf antike Dekorationsformen, aber auch der zugleich absichtsvoll disfunktionale Umgang mit diesen Elementen wurde zum Markenzeichen der Postmoderne. »Schwebende« Giebel, missproportionierte, bisweilen auf den Kopf gestellte Säulen, wie in einem Warenhaus präsentierte Antikensammelsurien, Verballhornungen des klassisch-antiken Architekturkanons bis hin zu pseudobedeutungsvollen, in ihrer Form antikisierenden, im Inhalt jedoch lakonisch-ironisierenden Architravinschriften (»homo sapiens non urinat in vento« ziert in klassischem Latein das Portal eines postmodernen Mietshauses in Amsterdam – »der wissende Mensch pinkelt nicht gegen den Wind«) machten die Postmoderne alsbald zu einem Tummelplatz der Beliebigkeit und der Verrücktheit, wo mit maxima-

Das ATT-Building in New York gehört zu den Grundsteinen postmoderner Architektur. Erbaut wurde es 1978–83 von Philip C. Johnson & John Burgee.

ler Willkür Unzusammenhängendes zum Ideal geformt und gefeiert wurde. Geschichte, historische Formen wurden zum Spielball einer sich von den realen Problemen und Bedrohungen der Welt immer weiter absondernden »Avantgarde«. »Anything goes« (»Alles ist möglich«) wurde zu einem Slogan, der nicht im Architektonischen stehen blieb, sondern weite Teile der Kulturszene infizierte. Postmoderne Lyrik, Philosophie, Literatur, Filmkunst, aber auch eine solch Treiben begierig aufgreifende Geisteswissenschaft fügten sich ein in die Mixtur eines hemmungslosen Eklektizismus – Kennzeichen nicht nur der Populärkultur, sondern gerade auch der Feuilletons der 1980er-Jahre.

Die Piazza d'Italia, eine von Charles Moore 1977/78 erbaute postmoderne Platzanlage inmitten von New Orleans, präsentiert Architekturgeschichte wie ein Angebot im Warenhaus, für jeden benutzbar.

Kritik an der Postmoderne kam alsbald, war massiv und fundiert. Insbesondere die Idee von einer Revision der Leistungen der Moderne wurde zurückgewiesen. Jürgen Habermas, der in seinem Traktat »Moderne und postmoderne Architektur« (1981) und seinem Buch »Der philosophische Diskurs der Moderne« (1985) den Versuch einer von ihm positiv gesehenen »Selbstgründung« der Moderne, einer Emanzipation vom unseligen Bedingungsgeflecht der Geschichte bedroht sah, galt mit seinen scharfsinnigen Argumenten in europäischen Intellektuellenkreisen lange Jahre als Spielverderber, als ein heillos im alten Denken verhafteter Demosthenes, der gegen einen unbezwingbaren Trend redete. Selbst damalige Anhänger der Postmoderne sehen dies indessen heute anders. Die Postmoderne als einen kurzfristigen Modegag zu verharmlosen, wäre jedoch verfehlt. Denn allzu tief ging hier der Versuch, Altes zu revitalisieren und Erreichtes in Frage zu stellen. Der heutige Neoklassizismus in den USA ist ohne die Postmoderne nicht denkbar.

Bedeutende praktische wie auch theoretische Protagonisten postmoderner Architektur waren und sind neben den hier genannten Architekten Aldo Rossi, Michael Graves, Ricardo Bofill, James Stirling, Rob und Leon Krier sowie Mario Botta.

Der Architekt

Als im Herbst 1999 in der deutschen Architektenszene eine heftige Debatte entstand, nachdem Lord Norman Foster als leitender Architekt des Umbaus des Berliner Reichstags unter Hinweis auf sein Urheberrecht jegliche bauliche Veränderung, ja sogar das Ergänzen des Mobiliars, das Aufhängen von Bildern und das Aufstellen von Topfpflanzen untersagte, war einmal mehr die Frage nach Rolle und (Selbst-)Verständnis des Architekten gestellt. Und einmal mehr zeigte sich, dass kaum ein Berufsbild im Laufe der Jahrhunderte mehr Wandlungen erfahren hat als das des Architekten.

Die Architekten in den orientalischen und ägyptischen Hochkulturen, aber auch diejenigen der klassischen Antike waren nach heutigem Verständnis »Amateure« und vor allem keine Künstler – technisch versierte Personen, deren Hauptaufgabe in der logistischen Organisation der bisweilen höchst komplexen Bauvorgänge bestand, während alle Details der Gestaltung von den Vorstellungen der Bauträger abhingen. Könige und Pharaonen, die Volksversammlung der griechischen Stadtstaaten, die Priester der Heiligtümer, der Senat, später die Kaiser Roms und die Bischöfe der Christengemeinden bestimmten Form und Gestalt aller größeren, nicht privaten Bauten – nicht aber der Architekt. Als gewählte oder benannte Architekten traten zunächst Bürger oder Beamte in Erscheinung, die – wie etwa Libon, der überlieferte Architekt des Zeus-Tempels von Olympia – bisweilen nur ein einziges Mal in dieser Funktion wirkten. Erst im Hellenismus (ab dem 4. Jh. v. Chr.) entwickelte sich eine gewisse Professionalisierung. Es erstaunt daher nicht, dass Architektur bis ins Mittelalter mit ihren Bauträgern, nur in seltenen Ausnahmen jedoch mit den Namen ihrer Architekten verbunden war.

Erst in den Stadtstaaten der italienischen Renaissance entstand das Ideal eines freischaffenden, künstlerischen und weitgehend seinem Genius verpflichteten Architekten – wie in der bildenden Kunst jener Jahre ein Beleg für die neue, nun auch weltliche Rolle der bis dahin dem kirchlichen Kontext vorbehaltenen Tätigkeiten. Giotto di Bondone, Brunelleschi oder Alberti waren die ersten Prominenten dieser neuen Zunft. Sie entwarfen nach eigenem Credo unter Berücksichtigung antiker Vorbilder, wobei die Gegenstände ihrer Arbeiten nicht mehr allein vom Klerus, sondern zunehmend von weltlichen Herrschern bestimmt wurden. Nicht ohne Grund widmete etwa Alberti seinen Traktat »Zehn Bücher der Architektur« in einem devot-umständlich formulierten »Fürstenlob« dem Florentiner Machthaber Lorenzo di Medici.

Der Architekt wurde in diesem neuen Klima zu einem gesuchten Spezialisten mit besten gesellschaftlichen Aufstiegsmöglichkeiten. Kaum einer der berühmten Renaissance-Architekten starb, ohne ein Vermögen, nicht selten sogar sein Amt vererben zu können. Im 16. und 17. Jh. waren die prominenten Barockarchitekten meist hoch dotierte und verehrte Mitglieder des Hofstaates, und dieser hohe Rang wurde in Bildnissen auch selbstbewusst vorgeführt: ein um 1670 entstandener Kupferstich etwa zeigt den britischen Meisterarchitekten Sir Christopher Wren als hochrangiges Mitglied des Hofes, der dem englischen König Karl II. seine Entwürfe für den Wiederaufbau des 1666 von einem Brand zerstörten London präsentiert. Eine weitere »Veredelung« des Architektenberufs vollzog sich im absolutistischen Frankreich: Eingebunden in die Akademie und damit in einen umfassenden theoretischen Diskurs, wurde die Architektur als Profession nachgerade geadelt – was nicht ohne Folgen für das Image der Architeken blieb, die jetzt selbst in den Bildformen einer omnipotenten Aristokratie in Erscheinung traten. Es wundert kaum, dass eine solche Hochschätzung vom Architektenberuf zu fürstlich-königlicher Imitation anregte: Der Herrscher als dilettierender, den-noch aber Formen und Arrangements in seinem Dilettantismus verbindlich prägender »Architekt« wurde zu einem Topos des Barock und findet sich, etwa in Gestalt eines »Architekten« Adolf Hitler, noch in den despotischen Abgründen des 20. Jh. wieder.

Der Architekt als leidendes, vereinsamtes, von der Gesellschaft verstoßenes Genie ist die Vision der Romantik im 19. Jh. Wie Carl Spitzwegs »Armer Poet« gerierte sich – rückblickend und gewissermaßen als eine gezielt eingesetzte imagefördernde Maßnahme – ein Schinkel, nachdem er als Absolvent der Architekturakademie zunächst ohne Aufträge blieb (und dennoch als Bühnenbildner ein stattliches Einkommen erzielen konnte). Die Idee vom Architekten als autonomem Künstler ist in dieser Ära verwurzelt, und nicht nur das: Der gesamte, bis heute nicht überwundene späthumanistische Kunstbegriff ist ein Produkt dieser romantisierenden Vorstellungen. Der Architekt als Künstler und Schöpfer eines einmaligen Werks – aus dieser Sicht wird auch Fosters eingangs beschriebene Invektive gegen einen vitalen, dynamischen Umgang mit »seiner« Architekturschöpfung erklärbar. Auch wenn in Architektenkreisen heute moderne Organisationsformen (Büroverbünde, hoch spezialisierte Arbeitsteilungen etc.) vorherrschen, so ist dennoch diese Sicht einer Architektur als »Kunstwerk« weiterhin höchst virulent.

Trends der Gegenwartsarchitektur

Betrachtet man die Bauaufgaben, die international renommierten Architekturbüros heute in Angriff nehmen, so scheint sich in den vergangenen zehn Jahren wenig verändert zu haben. Weiterhin dominieren prestigeträchtige Großprojekte aus Wirtschaft und der öffentlichen Hand, wobei der in den 1990er-Jahren beliebte Neubau von Museen heute weniger dominant in Erscheinung tritt (zuletzt in Gestalt des Neubaus des Akropolismuseums in Athen nach Entwürfen von Bernard Tschumi, 2007), eher hingegen die Ausgestaltung bzw. der Neubau von Bahnhöfen, Flugplätzen und vor allem Sportstadien. Spektakuläre Beispiele sind die Restaurierung der St.-Pancras-Station und des angeschlossenen Midland-Grand-Hotels in London (2007), der Neubau des München Airport Centers (2000) sowie drei Sportstadien: das von Santiago Calatrava grandios überdachte Olympiastadion in Athen (2004), die Münchner Allianz-Arena von Herzog & de Meuron (2005) und der Neubau des Wembley-Stadions in London (Norman Foster u. a., 2007).

Eine Innenansicht der Tate Modern in London am Südufer der Themse lässt die ursprüngliche Funktion des Bauwerks als Kraftwerk noch ersichtlich werden.

Eine nicht unbedingt neue, wohl aber immer wichtiger werdende Bauaufgabe fällt als ein gegenwärtiger »Architektenmagnet« ins Auge: die Konversion, also der gezielte Umbau und die Neunutzung überkommener Großarchitektur, namentlich aus dem Bereich der Industriebauten. Auch hier steht London als Ort des Geschehens im Brennpunkt. Interesse erregt haben vor allem zwei große, ausgediente Kraftwerkskomplexe am Südufer der Themse, beide ehedem von Giles Gilbert Scott erbaut. Während um eine sinnvolle Neunutzung der baugeschichtlich höchst bedeutsamen Battersea Power Station (1929–1939) noch gerungen wird, ist die etwas kleinere, seit 1947 erbaute Bankside Power Station von Herzog & de Meuron in die Tate Modern, ein neues Museum für zeitgenössische Kunst, umgewandelt worden (2000). Die großflächigen und hohen Innenräume bilden ein überraschend stimmiges Ambiente für die Exponate, das Äußere hat seinen optischen Charakter als spröde Industriearchitektur trotz aller Eingriffe geschickt bewahrt. Von herausragender architekturgeschichtlicher Bedeutung sind bereits heute die 2001 vollendeten Umbauten der vier Gasometer in Wien-Simmering in durchmischte Wohnarchitektur. Auch der Umbau kleiner Objekte kann zu Handbucharchitektur führen. International höchste Anerkennung hat die Umformung des Gelben Hauses in Flims (Kanton Graubünden, Schweiz) durch Valerio Olgiati (1999) gefunden: ein würfelförmiger, fast roh und geflickt wirkender Kubus, der überkommene Bausubstanz in ein viel beachtetes Kulturzentrum und zum Blickfang des Ortes umgestaltet hat.

Das im Volksmund »Gurke« genannte, sich nach oben hin verjüngende Gebäude der Schweizer Rückversicherung in der Londoner City nahe des Towers, 2004 nach Plänen von Lord Norman Foster vollendet, bildet einen markanten Teil der Skyline der Stadt.

Was Bauformen und Baudesign anbelangt, so ist eine Tendenz zu expressionistischen, optisch auffälligen Gestaltungen unübersehbar. Schon in den späten 1990er-Jahren haben Architektenteams wie Coop Himmelb(l)au aus Wien diesen Trend gegen den Dekonstruktivismus eines Frank Gehry gesetzt: Das SEG-Wohnhochhaus (1999) und der Umbau des Gasometers B (2001) in Wien, mehr noch ihr Entwurf für die Europäische Zentralbank in Frankfurt am Main formulieren plastisch ausgebildete Hochhausarchitektur, die den rechten Winkel des Öfteren scheut, sich selbst skulptural inszeniert, dabei jedoch jederzeit einer architektonisch-statischen Logik folgt. Die aktuellste Londoner Architekturikone ist zweifelsohne Fosters extravagant-expressionistischer, tannenzapfenförmiger Swiss Re

Die 2006 eröffnete
Mensa der Fachhoch-
schule Karlsruhe ist
nach Entwürfen von
Jürgen Mayer H. gebaut.

Tower in der City, 2004 vollendet. In enger Abstim-
mung mit dem Bauherrn (Schweizer Rückversiche-
rungs AG, Zürich) entstand, nach anfänglich heftigen
und polemischen Protesten Londoner Medien, auf einer Brache die heute gefeierte und preisgekrönte vier-
zigstöckige Hochhausarchitektur. Der gebogenen Form
liegt ein raffiniertes System sich diagonal schneiden-
der Stahlrippen zugrunde, die in unterschiedlichen
Winkeln zusammengeschweißt sind. Dank dieses tra-
genden Außengeflechts mussten die Grundflächen
nicht von Säulen durchbrochen werden. Fahrstühle
und technische Einrichtungen sind in der Mitte des
Turms untergebracht. Die kreisförmigen Stockwerks-
flächen sind aufgeteilt wie eine Torte, wobei einzelne,
jeweils um fünf Grad versetzten »Scheiben« über bis
zu sechs Stockwerke hinweg reichenden Atrien bilden.
Die Kontur des im Grundriss kreisrunden Gebäudes
wölbt sich zunächst nach außen, um sich dann nach
oben hin in 180 m Höhe bis zur Kuppel zu verjüngen.
Der im Volksmund »Gherkin« (Gurke) genannte Bau
verleiht der Skyline von London einen weithin sichtbaren Akzent. Einen weniger ins Große gehenden Neoex-
pressionismus pflegt Jürgen Mayer H., der sich dezi-
diert nicht als Architekt, sondern, in der Tradition des
Bauhauses, als umfassender Designer versteht. Wie in
ein Stück Käse hineingefügt wirkt der von asymmetri-

schen, hellen Streben umschlossene bauliche Glas-
kern der Mensa der Fachhochschule Karlsruhe, 2006
vollendet. Das sich im Inneren fortsetzende Strebewerk
soll höchste Flexibilität bei der Nutzung der umbauten
Fläche erlauben. Der preisgekrönte Bau gilt bei seinen
Nutzern allerdings als wenig funktional.

Nachdem Adolf Loos 1908 mit seinem Essay »Ornament und Verbrechen« und seinen daran orientierten
Bauten die Initialzündung dafür gegeben hat, dass
moderne Architektur auf beinahe radikale Art orna-
mentlos war, ist hier in der jüngsten Zeit eine Gegenbewegung zu konstatieren. Das Ornament hält wieder
Einzug in die Architektur. Ein prominentes frühes Beispiel ist die Bibliothek der Fachhochschule Ebers-
walde. Der 1996 eingeweihte, als schlichter Quader
gefasste Bau von Herzog & de Meuron ist außen vollständig mit siebdruckartig angebrachten, ornament-
haft gestalteten Fotografien überzogen. »Baldachine
von Smaragd« war der Arbeitstitel für den Erweiterungsbau des Museums Rietberg in
Zürich, vollendet 2007. Die weitgehend unterirdische Ergänzung eines
als Museum genutzen Ensembles
historistischer Villen im Rieterpark
stammt von Alfred Grazioli und
Adolf Krischanitz (Berlin/Wien).
Nach außen hin sichtbar ist ein großer, grünlicher Glaskubus als Zugang, dessen Oberfläche fast vollständig mit einem Netz abstrakter
Ornamente überzogen ist – eine
aufsehenerregende Kombination
moderner baulicher Grundformen
mit einem beinahe orientalisch wirkenden Dekor.

Der im Februar 2007
vollendete gläserne
Erweiterungsbau des
Museums Rietberg in
Zürich-Enge wirkt wie
mit Tätowierungen
überzogen. Er ist ein
Beispiel für die Wieder-
entdeckung des Orna-
ments in der Gegen-
wartsarchitektur.

Aalto, Hugo Henrik Alvar
(1898–1976)
Bedeutendster Vertreter der »nordischen Moderne«. Zahlreiche Bauten in seiner Heimat Finnland (u. a. Kulturhaus von Helsinki, 1955–58), aber auch in Deutschland (Kulturzentrum in Wolfsburg, 1958–62; zentrales Hochhaus der Satellitenstadt Bremen-Neue Vahr (1959–63); Essen, Opernhaus (1959).

Alberti, Leon Battista
(1404–72)
Eines der großen Universalgenies der Renaissance; war auch als Architekt (u. a. in Mantua, San Sebastiano und San Andrea, Rimini, Tempio Malatestiano) und Architekturtheoretiker (Schrift: Zehn Bücher über die Baukunst ; postum ediert) aktiv und gilt als einer der Begründer der auf die Antike fokussierten Renaissancearchitektur.

Apollodoros von Damaskus
Antik-römischer Architekt und Militäringenieur des 2. Jh. n. Chr.; stand in Diensten des Kaisers Trajan und gilt u. a. als Schöpfer des Trajansforums in Rom.

Bernini, Gian Lorenzo
(1598–1680)
Italienischer Architekt des Hochbarock; Rom, Kolonnaden und Gestaltung des Platzes vor dem Dom San Pietro (Petersdom).

Borromini, Francesco
(1599–1667)
Italienischer Architekt, dessen Bauten (u. a. in Rom, San Carlo alle Quattro Fontane und Sant'Ivo della Sapienzia) die im Hochbarock vollzogene Überwindung der Renaissance beispielhaft markieren.

Boullée, Etienne-Louis
(1728–99)
Herausragender Vertreter des französischen Klassizismus und der »Revolutionsarchitektur« des späten 18. Jh.; seine wenigen ausgeführten Bauten (Paris, Hôtel Neuville Alexandre) kontrastieren in ihrer Konventionalität aus bisher nicht erklärten Gründen mit den zahlreichen futuristisch-visionären, aber unrealisierten Planungen (u. a. Kenotaph für Isaac Newton in Form einer riesigen Kugel).

Bramante, Donato
(1444–1514)
Italienischer Architekt der Hochrenaissance; mit ihm verbunden ist die Vollendung des Neubaus von San Pietro (Petersdom) in Rom.

Brunelleschi, Filippo
(1377–1446)
Zusammen mit → Alberti wichtigster Pionier der italienischen Renaissancearchitektur; herausragende Leistung ist der Bau der Kuppel des Doms von Florenz.

Chersiphron
Antik-griechischer Architekt des 6. Jh. v. Chr.; maßgeblich beteiligt am Bau des Artemis-Tempels von Ephesos, einem der Sieben Weltwunder. Verschiedene technische Innovationen für den Transport und Versatz der riesigen Steinbauglieder im griechischen Tempelbauwesen werden ihm zugeschrieben.

Erdmannsdorff, Friedrich Wilhelm Freiherr von
(1736–1800)
Pionier des Klassizismus in Deutschland, der dem englischen Palladianismus eine preußische Prägung verlieh; wichtigster Baukomplex: Schloss Wörlitz bei Dessau.

Fischer von Erlach, Johann Bernhard
(1656–1723)
Kaiserlicher Hofarchitekt in Wien; Vertreter eines »pathetisch«-absolutistischen, hochherrschaftlichen Barockstils. Schrift: Entwurf einer historischen Architektur (1721).

Foster, Lord Norman
(* 1935)
Englischer Vertreter des Industrial Design und des aktuellen Neo-Expressionismus; neben zahlreichen zeitgenössischen Bauten in London sind vor allem seine inszenierten Kontrastierungen von historischer Bausubstanz und industriehaft gestalteter Moderne von Bedeutung (Carrée d'Art in Nîmes, 1993; Glaskuppel des Berliner Reichstags, 1997/98; Swiss Re Tower, 2004; u. a. Wembley-Stadion, beide London, 2007).

Gaudí, Antonio
(1852–1926)
Exzentrischer spanischer Architekt, angesiedelt zwischen Expressionismus und

Jugendstil. Sein megalomanes Hauptwerk, die Kathedrale Sagrada Familia in Barcelona, ist weiterhin nach seinen Plänen im Bau.

Gabriel, Jacques-Ange (1698–1782)

Bedeutendster Architekt im Frankreich des Barock; Pionier des dortigen »Barock-Klassizismus«. Hauptwerk: Paris, Ecole Militaire (1751–60); ferner: Konzept der Place de la Concorde (ab 1755).

Gehry, Frank (* 1929)

Protagonist des Dekonstruktivismus; Hauptwerke: California Aerospace Museum in Santa Monica (1985); Vitra Design Museum in Weil am Rhein (1987–89); Guggenheim-Museum in Bilbao (1991–97).

Gilly, Friedrich (1772–1800)

Exponent eines deutschen Frühklassizismus; lehrte schon als 23-jähriger an der Berliner Bauakademie und war dort wichtigster Impulsgeber für Karl Friedrich Schinkel. Sein Werk besteht wegen seines frühen Todes hauptsächlich aus Entwürfen und theoretischen Konzepten.

Gropius, Walter (1883–1969)

Gründer des Bauhauses; propagierte Zweckmäßigkeit der Formgebung als eine von allen bisherigen historischen Vorbildern abzukoppelnde »ultima ratio« und übertrug dieses Konzept von der Architektur (Hauptwerk: das Bauhaus-Gebäude in Dessau, 1925–26) auch auf alle weiteren Bereiche des Designs.

Hawksmoor, Nicholas (1661–1736)

Bedeutendster englischer Architekt des Barock und des historisierenden Frühklassizismus; zahlreiche Kirchenbauten in London (u. a. Christchurch in Spitalfields); Mausoleum von Castle Howard.

Hippodamos von Milet

Antik-griechischer Stadtplaner des 5. Jh. v. Chr.; sein auf orthogonaler Rasterung basierendes Konzept strukturierte die Stadtfläche auf rationale Weise in miteinander verzahnte Wohn-, Wirtschafts-, Verwaltungs- und Kultbereiche und ist in der Nachantike vielfach aufgegriffen worden.

Hermogenes

Antik-griechischer Architekt des 3./2. Jh. v. Chr.; erbaute mit dem Artemis-Tempel von Magnesia am Mäander einen »Musterbau« in ionischer Ordnung.

Holl, Elias (1573–1646)

Stadtbaumeister in Augsburg; übertrug die Architekturkonzepte von Andrea Palladio in eine traditionell-süddeutsche Sphäre und begründete die »Augsburger Renaissance«. Meisterwerk: das Augsburger Rathaus mit seiner turmbeflankten fünfgeschossigen Giebelfassade (1615–20).

Iktinos

Antik-griechischer Architekt des 5. Jh. v. Chr.; gilt als Architekt des Parthenon auf der Athener Akropolis – heute der Inbegriff des griechischen Ringhallentempels (erbaut 448–432 v. Chr.).

Isidoros von Milet

Spätantik-römischer Architekt des 6. Jh. n. Chr.; erbaute die wegen ihres riesigen überkuppelten Zentralraumes berühmte Hagia Sophia in Konstantinopel/Istanbul.

Jefferson, Thomas (1743–1826)

Nicht nur als Agronom und Politiker (u. a. Präsident der USA), sondern auch als Architekt ausgewiesen; sein Wohnsitz Monticello, die von ihm finanzierte und erbaute University of Virginia sowie das State Capitol in Charlottesville in Virginia sind Hauptwerke eines amerikanisch gewandelten, an Palladio und französische Traditionen des 18. Jh. anknüpfenden Klassizismus.

Jones, Inigo (1573–1652)

Zusammen mit Nicholas Hawksmoore und Christopher Wren bedeutendster Architekt Englands; Begründer des englischen Palladianismus und Bezugspunkt des englischen Neopalladianismus (Lord Burlington u. a.) im 18. Jh. Hauptwerke: »Queens House« in Greenwich (1616–18) und »Banqueting Hall« in Whitehall, London (1619–22).

Klenze, Leo von
(1784–1864)

Hofarchitekt des bayerischen Königs Ludwig I.; zusammen mit Karl Friedrich Schinkel der Fixstern des deutschen Klassizismus im 19. Jh. Zahlreiche Bauten in München (Propyläen, Glyptothek), ferner die Walhalla bei Donaustauf (Regensburg) und die Befreiungshalle bei Kellheim an der Donau.

Knobelsdorff, Georg Wenzelslaus
(1699–1753)

Hofbaumeister Friedrichs II. des Großen; sein Potsdamer Stadtschloss (1744–51) wurde zum Musterstück preußischen Barocks.

Latrobe, Benjamin
(1764–1820)

Aus England in die USA emigrierter Architekt; wurde dort zu einem herausragenden Vertreter des Greek Revival (s. auch James Stuart). Verschiedene klassizistische Bauten in Philadelphia; Mitgestaltung der späteren Bauphasen des Capitol in Washington, DC.

Le Corbusier
(1887–1965)

Pseudonym für Charles-Edouard Janneret; neben seinen »plastischen« Bauten in der Art des Expressionismus (Kirche von Ronchamp, 1950–54) gilt er als Pionier einer »neuen Sachlichkeit« und ist in seiner diesbezüglichen Radikalität bis heute umstritten. Die Idee der »Wohnmaschine« als eine Zusammenlegung aller menschlichen Bedürfnisse (Wohnen, Freizeit, Arbeit) in einen hermetisch abgeschlossenen Baukörper (z. B. Corbusierhaus in Berlin) ist im Beton-Brutalismus der 1970er-Jahre nachhaltig diskreditiert, sein Grundkonzept zudem verschiedenerseits des Faschismus verdächtigt worden.

Ledoux, Claude-Nicolas
(1736–1806)

Extremer Vertreter der französischen Revolutionsarchitektur um 1800; entwarf unter vielschichtigem Rückgriff auf die Antike futuristisch anmutende Konzepte von Wohn- und Fabrikanlagen sowie von Staatsbauten und kreierte dabei eine »sprechende« Architektur, die durch Ausnutzung verschiedener baulicher und ornamentaler Muster vom Betrachter und Benutzer Unterwerfung bzw. Unterordnung einforderte; Hauptwerk: Salineanlage bei Chaux. Zahlreiche Gefängnisbauten des 19. Jh. beziehen sich auf von Ledoux formulierte Architekturkonzepte.

Lissitzky, El
(= Eliezer Markowitsch)
(1890–1941)

Als Maler, aber auch als entwerfender Architekt zentrale Gestalt des russischen Konstruktivismus. Seine durchgehend unrealisiert gebliebenen avantgardistischen Konzepte haben u. a. Ludwig Mies van der Rohe beeinflusst.

Loos, Adolf
(1870–1933)

Gilt heute als bedeutendster österreichischer Architekt der Frühmoderne; erregte mit seinen radikalen, gegen den Jugendstil gerichteten Traktaten (Ornament und Verbrechen, 1908) und bizarren Entwürfen (Chicago Tribune Tower, 1922, in Gestalt einer monumentalen dorischen Säule) indessen mehr Aufsehen als mit seinen im Sinne eines aufkommenden Rationalismus realisierten Bauten; seine architekturhistorische Stellung ist heute umstritten.

Meier, Richard
(* 1934)

Seine »weißen« Bauten, u. a. das Museum für Kunsthandwerk in Frankfurt/Main (1979–85), das High Museum of Art in Atalanta, Georgia (1980–83), das Des Moines Art Center (1982–85) und das neue J. Paul Getty-Center in Malibu, Kalifornien (1984–97), bildeten einen anerkannt wichtigen Schritt bei der Überwindung der Postmoderne.

Mies van der Rohe, Ludwig
(1886–1969)

Der vielleicht einflussreichste Architekt des 20. Jh.; auf seine Idee der kubisch-rationalistischen, auf ein strukturelles Skelett reduzierten Baugestaltung gehen Hochhauskonzepte ebenso zurück wie transparente Pavillons; die modische Flachdacharchitektur der 1960er-Jahre ist gleichermaßen von ihm beeinflusst wie die Gestalt der »Wolkenkratzer« der 1960er- und 1970er-Jahre in zahlreichen US-Metropolen.

Nash, John
(1752–1835)
Englischer Architekt und Stadtplaner, Hauptfigur des späten britischen Klassizismus und des Historismus. Konzipierte unter Georg IV. große Teile des sich erweiternden Londons, u. a. den Regent's Park mit den ihn umgebenden Terraces und die Regent Street mit ihrer neoklassizistischen, heute allerdings weitgehend verlorenen Randbebauung. Berühmt ist sein weithin weiß glänzender Stuck-Klassizismus; bei heutigen Besitzern der Bauten ist allerdings weithin die wenig solide Bauausführung berüchtigt.

Neumann, Balthasar
(1687–1753)
Die von ihm konzipierte fürstbischöfliche Residenz in Würzburg gilt als Paradestück barocker deutscher Schlossbaukunst.

Niemeyer, Oscar
(* 1907)
Pionier der Moderne in der brasilianischen Architektur; ein Meisterwerk moderner Stadtplanung ist seine Konzeption und Ausführung der Hauptstadt Brasilia (seit 1957).

Palladio, Andrea
(1508–80)
Architekt der italienischen Spätrenaissance; seine zahlreichen norditalienischen Villenbauten grei-

fen zitierend und variierend Muster antiker Vorbilder auf und wurden für die Nachwelt stilprägend (→ Inigo Jones). Schrift: Die vier Bücher zur Architektur (1570).

Pytheos
Antik-griechischer Architekt des 4. Jh. v. Chr.; war maßgeblich am Neubau der Stadt Priene in Kleinasien und ihrer öffentlichen Bauten beteiligt.

Rietveld, Gerrit Thomas
(1888–1964)
Die in den 1920er- bis 1940er-Jahren entworfenen Häuser und Villen des ursprünglichen Tischlers (»Rietveld-Stuhl«) gelten in ihrer eleganten Schlichtheit als Prototypen eines rationalistisch-modernen Architekturverständnisses; das Haus Schröder in Utrecht (1924) war eine Initialzündung des Bauhausgedankens.

Schinkel, Karl Friedrich
(1781–1841)
Protagonist des Historismus in Preußen; als Schüler von Friedrich Gilly dem Klassizismus zugewandt (Berlin, Altes Museum, 1822–28), früh aber auch der Neo-Gotik (Entwurf eines Grabmals für Königin Luise von 1810; verschiedene »gotische« Kirchenbauten). Neben seiner Arbeit an realer Architektur entstanden zahlreiche fiktionale Bauentwürfe (z. B. ein Schloss für König Otto I. auf der Akropolis von Athen) und visionäre Bühnenbilder mit Fantasiearchi-

tekturen (u. a. für Mozarts »Zauberflöte«, 1815).

Semper, Gottfried
(1803–79)
Protagonist eines preußischen Klassizismus und Historismus, von 1834 bis 1848 Professor an der Bauakademie in Dresden, danach im Exil, 1855–71 in Zürich tätig. Hauptwerke: Opernhaus (1838–41 und 1871–78) und Oppenheimer-Palais (1845–48) in Dresden, Hauptgebäude der ETH (1858-64) in Zürich, Stadthaus (1865-69) in Winterthur. Schrift: »Der Stil in den technischen und tektonischen Künsten« (2 Bände, 1860/63).

Sinan
(um 1497–1588)
Janitschar, seit den Feldzügen Süleyman II. des Prächtigen dessen Hofbaumeister. Ab 1530 erbaute Sinan im Auftrag des Sultans gemäß eines überlieferten Tatenberichtes mehr als 150 Moscheen, 45 Mausoleen, 75 Medresen, 31 Karawansereien, 38 Paläste sowie weitere Prunk- und Privatbauten im osmanischen Herrschaftsbereich.

Soufflot, Jacques-Germain
(1709–80)
Architekt des Spätbarock in Frankreich; erbaute u. a. zwischen 1755 und 1792 die (später zum Pantheon profanierte) Pariser Kathedrale St. Geneviève, ein wichtiges Vorbild für den amerikanischen Klassizismus der Zeit um 1800. War mitbeteiligt an der Wieder-

entdeckung der dorisch-griechischen Tempel von Paestum (Süditalien), einem entscheidenden Wendepunkt der bis dahin auf Rom orientierten klassizistischen Rezeption antiker Vorbilder für zeitgenössisches Bauen.

Speer, Albert
(1905–81)
Ab 1934 Generalbauinspektor, später auch Rüstungsminister; konzipierte zahlreiche, letztlich aber unrealisiert gebliebene Prunkbauten der NS-Diktatur und formulierte deren Architekturverständnis. Ausgeführt u. a.: Neue Reichskanzlei in Berlin (1938–39); Zeppelinfeld in Nürnberg (1934–37). Autobiografie mit problematisch-verklärenden Passagen: Erinnerungen (1969).

Stirling, James
(1926–92)
Britischer Architekt, zunächst einer reflektiert-kritischen Umsetzung der Moderne in der Nachkriegszeit verpflichtet (Historische Fakultät der Universität Cambridge, 1964–67), später ein einflussreicher Protagonist der Postmoderne (Stuttgart, Staatsgalerie, 1977–82).

Stuart, James
(1713–88)
Englischer Architekt; reiste zusammen mit Nicholas Revett 1751–55 im Auftrag der Londoner Society of Dilettanti durch Griechenland und nahm dort, vor allem in Athen, den greifbaren Bestand antiker Bauten zeichnerisch auf; sein Faible für die antik-griechische Architektur brachte ihm nicht nur den Spitznamen »Athenian-Stuart«, sondern auch den Ruf als Pionier des »Greek Revival« in England ein.

Tange, Kenzo
(1913–2005)
Verschmolz in zahlreichen spektakulären Entwürfen und Ausführungen japanisch-traditionalistische Bauformen mit Elementen der architektonischen Moderne; seit den 1980er-Jahren übernahm er auch zahlreiche Aufträge in Europa (u. a. Neapel, Centro Direzionale).

Terragni, Guiseppe
(1904–41)
Protagonist des italienischen Razionalismo; führendes Mitglied des »Gruppo Sette«. Seine Casa del Fascio in Como (1932–36) wurde zum Exempel der architektonischen Verbindung von Antike und Moderne, einer wichtigen Spielart der faschistischen Architektur Italiens unter Benito Mussolini (»weiße Moderne«).

Vanvitelli, Luigi
(1700–73)
Barockarchitekt am Bourbonen-Hof in Neapel; errichtete neben zahlreichen Landvillen (z. B. die Villa Campolieto nahe Ercolano) und Stadtpalazzi in Neapel das neue Königsschloss nahe Caserta samt Gärten und Infrastruktur (Palazzo Reale, 1751–72).

Weinbrenner, Johann Jakob Friedrich
(1766–1826)
Verantwortete den Umbau der Stadt Karlsruhe zu einer klassizistischen Metropole nach dem Modell von St. Petersburg. Weitere Bauten: Kurhaus und Trinkhalle in Baden Baden (um 1810).

Wren, Christopher
(1632–1723)
Wurde nach dem großen Brand von London (1666) als königlicher Bauverwalter mit dem Wiederaufbau der Stadt betraut; Hauptwerk: St. Paul's Cathedral (1675–1710; nach dem Vorbild des Petersdoms in Rom).

Wright, Frank Lloyd
(1869–1959)
Amerikanischer Architekt; seine Bauten waren konsequent von innen nach außen entwickelt und sollten harmonisch in die Landschaft gefügt sein (Serie der Prärie-Häuser, um 1905; Haus Falling Water bei Mill Run in Pennsylvania für Edgar J. Kaufman, 1934–37). Wright wurde wegen dieser »ökologischen« Paradigmen, aber auch wegen seiner gestalterischen Wandlungsfähigkeit zu einem Fixstern der internationalen Architektenszene des 20. Jh. Bekanntestes Spätwerk: das spiralförmige Solomon R. Guggenheim Museum in New York (1956–59).

Abakus
Quadratische oder in Voluten endende Deckplatte des Kapitells.

Adyton → **Cella**

Aedikula
Von Säulen eingefasste Nische zur Aufnahme einer Statue oder eines Gemäldes.

Akropolis
»Hochstadt«, von griech. *ákro* = hoch und *pólis* = Stadt. Hoch gelegenes Heiligtum oder natürlich geschützte Siedlungsfläche griechischer Städte.

Akroter
Ornamentale oder figürlich ausgeformte Überdachung eines Gebäudes, meist eines Tempels.

Andron
Männerraum, Ort des Symposions im griechischen Haus.

Apsis
Halbkreisförmige oder eckige Erweiterung eines Raumes, häufig durch eine Halbkuppel überdacht. Sie ist in der antik-römischen Profanarchitektur (Palast, Therme) ebenso geläufig wie im christlichen Kirchenbau.

Architrav
Steinerner Querbalken, der das → **Joch** überspannt, auf dem der → **Abakus** des Kapitells lagert und der weitere Teile des Gebälks des Säulenbaus (u. a. Fries und Geison) trägt.

Archivolte
Bogenlauf an romanischen oder gotischen Stufenportalen.

Arkade
Bogenstellung über Säulen- oder Pilasterstützen.

Atrium
Offener Innenhof im antik-römischen Haus; säulengerahmter Vorhof frühchristlicher Kirchen.

Attika
Brüstungsartige Aufmauerung entlang der Dachkante, verdeckt den Dachansatz.

Baptisterium
Frühchristliche Taufkirche mit Taufbecken.

Basilika
Mehrschiffiger Marktbau im antiken Rom, neben dem Zentralbau die Grundform frühchristlicher Kirchenbauten.

Basis
Fuß der ionischen oder korinthischen Säule bzw. eines Pilasters dieser Ordnung.

Bauhütte
Mittelalterliche Werkstattgemeinschaft im Bauwesen, als Gilden unabhängig von den Zünften. Ähnliche Organisationsformen werden auch für die Antike angenommen.

Bergfried → **Donjon**

Bossenquader
Ein in der Ansichtsfläche roh bepickt gelassener Steinblock (auch Buckelquader oder Rustika genannt).

Campanile
Separat vom Gebäude errichteter Turm italienischer Kirchen.

Cella
Innenraum griechischer Tempel, oft weiter unterteilt in Hauptraum, Vorhalle *(pronaos)*, nach außen offenen Rückraum *(opisthodom)* bzw. nach innen offenen Rückraum *(adyton)*.

Circus → **Hippodrom**

Dachreiter
Auf dem Dachfirst über der Vierung aufsitzendes Türmchen mit Glocke im Kirchen- und Klosterbau. Es ersetzte bei den Kirchen des Bettelordens den Glockenturm.

Diazoma
Horizontaler Umgang im Zuschauerraum des griechischen Theaters.

Dipteros
Ringhallentempel mit doppeltem Säulenkranz.

Diwan
Offiziell-repräsentativer Teil des Palastes im muslimischen Kulturkreis.

Donjon
Französische Bezeichnung des zentralen Turms einer mittelalterlichen Burg.

Echinus
Wulstförmiges Polster des Kapitells; das »Kissen«, auf dem der Abakus lagert.

Entasis
Schwellung des Schaftes der dorischen Säule.

Erker
Aus der Gebäudefront vorspringender, befensterter Ausbau eines Raumes.

Fachwerk
Gerüstbauweise aus Hölzern mit Lehm- oder Ziegelfachen. Man unterscheidet den Ständerbau mit alle Geschosse durchlaufenden Vertikalstreben und den Rähmbau mit einem Geschoss für Geschoss wiederkehrenden, aufeinander aufbauenden Trägergerüst. Beide Bauweisen können miteinander verknüpft werden.

Fries
Am dorischen Tempel das alternierende Gefüge von

Metopen und Triglyphen oberhalb des Architravs.

Geison
Kranzgesims, obere Abschlussleiste der Säulenordnungen, das als Schrägbzw. Giebelgeison an der Front oder als Horizontalgeison an der Langseite eines Säulenbaus in Erscheinung tritt.

Gesims
Waagerecht aus der Mauer hervortretender Streifen, der die horizontale Struktur (Geschosse) eines Baues gegeneinander absetzt und die Wand gliedert.

Gesprengter Giebel
Giebel, dessen Mittelteil ausgespart oder durchbrochen ist; findet sich gehäuft in der hellenistisch-römischen Architektur der Antike und der Barockarchitektur.

Gewölbe → Kragsteingewölbe, Kreuzgratgewölbe, Kreuzrippengewölbe, Tonnengewölbe

Gymnasion
Gebäudeanlage für sportliches Training und literarisch-kulturelle Bildung in antik-griechischen Städten, bestehend aus einer → Palästra sowie daran anschließenden Wandelhallen, Säulen und einer Laufbahn.

Hallenkirche
Einräumige Kirche ohne Seitenschiffe.

Harem
Privatbereich des Palastes im muslimischen Kulturbereich.

Heroon
Erinnerungsbau für einen Heros. In der Antike oft das fiktive Grabmal eines mythisierten Städtegründers.

Hippodrom
Bahn für Pferde- und Wagenrennen, Vorläufer des römischen Circus.

Interkolumnium → Joch

Jami/Cami
Die große Freitagsmoschee, im Gegensatz zur → Masjid.

Joch
Abstand zweier Säulenachsen im Säulenbau. Demgegenüber bezeichnet das Interkolumnium den lichten Freiraum zwischen zwei Säulen auf Bodenniveau. In der romanisch-gotischen Architektur auch ein Gewölbeabschnitt.

Kämpfer
Auflager. Vorspringende, waagerechte Platte zwischen Gewölbe- oder Bogenansatz und tragendem Bauteil.

Kannelur
Vertikale Einkehlung des Säulenschaftes. In spitzem Grat (dorisch) oder in einem abgeflachten Steg (ionisch, korinthisch) endend. In der Spätantike und seit der Renaissance weisen die Säulen häufig keine bzw. nur teilweise ausgeführte Kanneluren auf.

Kapitell
Kopfstück der Säule, bestehend aus Echinus (Polster) und Abakus (Deckplatte).

Katakombe
Unterirdische, mehrstöckige, privat verwaltete Gemeinschaftsgrabanlage, seit dem 2. Jh. n. Chr. geläufig.

Katholikon
Hauptkirche eines orthodoxen Klosters.

Kavalier
Im Festungsbau eine hohe

Plattform über den Kasematten (Bunkern) oder Wehrgängen, als Beobachtungsplatz oder zum Aufstellen von Geschützen.

Keep
Normannische Burg.

Kemenate
Beheizbarer Raum in einer Burg.

Knagge
Dreiecksholz im Fachwerk zur Versteifung des Gerüstes.

Konsole
Aus der Mauer hervortretender Tragstein für Bögen, Gesimse, Figuren u. ä.

Kragsteingewölbe
Unechtes, aus übereinanderlappenden Steinplatten konstruiertes Gewölbe.

Krepis
Gestufter Sockel des antiken Säulenbaus.

Kreuzgang
Im Geviert und meist offen um einen Hof angelegte Gänge; zentraler Teil eines Klosters.

Kreuzkuppelkirche
Kirche in der Grundrissform eines griechischen Kreuzes mit einer Kuppel über dem Schnittpunkt der beiden Achsen.

Kreuzgratgewölbe
Gewölbe, das durch Verschneiden zweier gleich hoher Tonnengewölbe entsteht und bei dem die Kappen entgegen dem Kreuzrippengewölbe in massiven Graten zusammenstoßen.

Kreuzrippengewölbe
Anstelle der Grate (Durchdringungs- und Schnittstellen) beim Kreuzgratgewölbe leiten hier Rippen den statischen Druck des Ge-

wölbes auf die vier Stütz-
punkte ab. Das Kreuzrip-
pengewölbe ermöglichte
die extreme Verschlankung
der Skelettbauweise go-
tischer Kathedralen.

Laterne
Durchlichteter Dachaufbau,
meist über einer Kuppel.

Lehrgerüst
Stützendes Hilfsgerüst
beim Bau von Bögen und
Gewölben.

Loggia
Offene Bogenhalle oder Bo-
gengang in der italieni-
schen Renaissance.

Masjid
Moschee für den täglichen
Gottesdienst (im Gegensatz
zur → Jami/Cami).

Maßwerk
Ornament, das mittels ei-
nes Zirkels konstruiert wurde, vornehmlich zur Unter-
teilung gotischer Fenster.

Megaron
Hauptraum mykenischer
Paläste sowie Zentralraum
in der frühgriechischen
Haus- und Tempelarchi-
tektur.

Metope → **Fries**

Mezzanin
Zwischen- oder Halbge-
schoss.

Mihrab
Gebetsnische in der Mo-
schee.

Minarett
Turm der Moschee.

Minbar
Kanzel in der Moschee.

Naiskos
Kleiner Tempel ohne um-
laufende Ringhalle in der
Antike.

Naos
Kernbau des griechischen
Tempels, synonym mit dem
Begriff → **Cella**.

Narthex
Vorhalle altchristlicher und
byzantinischer Kirchen-
bauten.

Obelisk
Spitz zulaufender Steinpfei-
ler; altägyptische Denk-
malsform.

Obergaden
Oberer Raumabschnitt des
Mittelschiffs einer Basilika.

Opisthodom → **Cella**

Orchestra
Runder Tanz- und Spiel-
platz im antik-griechischen
Theater.

Ordensburg
Residenzbau der Ritteror-
den, der Kloster und Burg
miteinander verbindet.

Palästra
Architektonischer Teil des
Gymnasions, bestehend
aus einem meist annähernd
quadratischen Hof und ihn
umgebenden Räumen. Die
Palästra diente als Trai-
ningsort für Ring- und Box-
kämpfer.

Pendentif
Hängezwickel. Meist eine
sphärische Dreieckskon-
struktion, die den Übergang
von einem mehreckigen
Grundriss in die Rundung
einer Kuppel ermöglicht →
Trompe.

Peripteros
Ringhallentempel mit einfa-
chem Säulenkranz.

Peristyl
Säulenhalle um einen In-
nenhof, um den sich Wohn-
und Wirtschaftsräume grup-
pieren.

Peristylhaus
Repräsentativer, ursprünglich griechischer, aber auch
in der römischen Architektur häufiger Haustyp, bei
dem die Elemente des Hau-

ses um einen Säulenhof herum gruppiert sind.

Pfalz
Residenz des Königs bzw.
seines Stellvertreters im
deutschen Mittelalter.

Piano Nobile
Repräsentatives Geschoss
einer Villa oder eines Palazzo, meist der überhöht gebaute erste Stock.

Podiumstempel
Etruskisch-römische Form
des antiken Tempels. Tem-
pel auf einem hohen, über
eine breite Freitreppe zugänglichen Podium.

Pilaster
Flacher Wandpfeiler mit Basis und Kapitell.

Pronaos → **Cella**

Propylon
Torbau, repräsentativer Zugang zu einem Heiligtum.

Rähm, Rähmbau → **Fachwerk**

Risalit
Vorspringender Gebäude-
teil, meist nach symmetri-
schen Gesichtspunkten an
bestimmten Stellen der Ge-
bäudefassade platziert.

Rustika → **Bossenquader**

Saalkirche → **Hallenkirche**

Skene
Bühnengebäude des grie-
chischen Theaters.

Spolien
Werkstück eines Bauwerks,
das für einen älteren Bau
geschaffen und wiederver-
wendet wurde.

Stabkirche
Mittelalterlicher skandina-
vischer Holzkirchentypus
mit konstruktivem Masten-
gerüst und gestuftem Dachaufbau.

Ständer(bau) → **Fachwerk**

Sternschanze
Verteidigungsanlage über
sternförmigem, massiv be-

wehrtem Grundriss.

Stützenwechsel
Rhythmischer Wechsel von
Säulen und Pfeilern in der
romanischen Basilika.

Stylobat
Standfläche der Säulen im
antiken Säulenbau.

Stoa
Lang gestreckte Säulen-
halle mit geschlossener
Rückwand.

Synagoge
Gottesdienstlicher Ver-
sammlungsraum der jüdi-
schen Gemeinden.

Tambour
Zylinderförmiges Bauglied
zwischen Kuppel und ecki-
gem Baukörper.

Thermen
Aufwendig beheizte, antike
Badeanlage.

Tonnengewölbe
Gewölbe mit halbkreisför-
migem Querschnitt, entwe-
der gemauert oder mittels
Keilsteinquadern erstellt.

Triglyphe → Fries

Trompe
Bogen mit nischenartiger
Wölbung zwischen zwei
rechtwinklig aneinander
stoßenden Mauern, der
vom eckigen Unterbau in
das Rund der Kuppel über-
leitet → **Pendentif**.

Verkröpfung
Gebälke oder Gesimse, die
um Mauervorsprünge, Säu-
len oder Pfeiler geführt
werden.

Viadukt
Pfeilerkonstruktion zur Führung einer Wegtrasse meist
über eine Talsenke hinweg.

Vierspänner
Mietshaus, in dem auf je-
dem Geschoss vier Woh-
nungen an das Treppen-
haus angeschlossen sind.

Alternativen: Dreispänner,
Zweispänner.

Vierung
Der bei der Durchdringung
von Lang- und Querschiff
entstehende zentrale
Raumteil einer Kirche.

Villa
In der römischen Antike
und der Renaissance ein lu-
xuriöser Wohnbau auf dem
Land.

Volute
Schneckenförmiges
Schmuckornament an ioni-
schen Kapitellen.

Wimperg
Gotischer Ziergiebel über
Portalen und Fenstern, oft
aus Maßwerk zusammenge-
setzt.

Zentralbau
Bau, bei dem – im Gegen-
satz zur lang gestreckten,
gerichteten Basilika – alle
Teile des Grundrisses auf
einen gemeinsamen Mittel-
punkt bezogen sind.

Zitadelle
Festung innerhalb einer befestigten Stadt.

Die Fachliteratur zum Thema Architektur ist uferlos, insbesondere hinsichtlich der Monografien über einzelne Architekten. Um dem Interessierten dennoch eine weiterführende Beschäftigung zu ermöglichen, sind hier wichtige, im Handel erhältliche und in Bibliotheken allgemein präsente Standardwerke zusammengestellt, die weite Teile der behandelten Themen abdecken.

Arnold, D.: Die Tempel Ägyptens, Zürich 1992

Bandmann, G.: Mittelalterliche Architektur als Bedeutungsträger, Berlin 1979

Borchert, F.: Burgenland Preußen. Die Wehrbauten des Deutschen Ordens, München 1987

Braham, A.: The Architecture of the French Enlightenment, London 1980

Burmeister, E.: Antike griechische und römische Theater, Darmstadt 2006

Burke, P.: Die Renaissance in Italien, Berlin 1984

Buttlar, A. von: Leo von Klenze, München 1999

Cantacuzino, S.: Neue Nutzung alter Bauten. Die Zukunft historischer Architektur-Substanz, Stuttgart 1989

Conrad, D.: Kirchenbau im Mittelalter – Bauplanung und Bauausführung, Leipzig 1998

Delfante, C.: Architekturgeschichte der Stadt, Darmstadt 1999

Döhmer, K.: »In welchem Style sollen wir bauen?« Architekturtheorie zwischen Klassizismus und Jugendstil, München 1976

Dolgner, D.: Klassizismus, Leipzig 1991

Dolgner, D.: Historismus. Deutsche Baukunst 1815–1900, Leipzig 1993

Durth, W. u. a. (Hrsg.): Ostkreuz. Architektur und Städtebau der DDR, 2 Bde., Frankfurt/Main 1998

Ebhardt, B.: Der Wehrbau Europas im Mittelalter, 3 Bde., Würzburg 1939/1958

Engelberg, M. v.: renovatio ecclesiae. Der »Barockisierung« mittelalterlicher Kirchen, Petersberg 2005

Erben, D.: Paris und Rom. Die staatlich gelenkten Kunstbeziehungen unter Ludwig XIV., Berlin 2004

Evers, B. (Hrsg.): Architekturmodelle der Renaissance, München 1995

Frishman, M./H.-U. Khan: Die Moscheen der Welt, Frankfurt/Main 1995

Geist, J. F.: Passagen. Ein Bautyp des 19. Jh., München 1979

Gössel, P./G. Leuthäuser: Architektur des 20. Jh., Köln 1994

Gros, P.: L'Architecture romaine I/II, Paris 2000/01

Gruben, G.: Die Tempel der Griechen, München 2001

Günther, H.: Deutsche Architekturtheorie zwischen Gotik und Renaissance, Darmstadt 1988

Haberlik, Ch.: Architektur des 20. Jh., Hildesheim 2003

Hamlin, T.: Greek Revival Architecture in America, Oxford 1944

Hecht, K.: Der St. Gallener Klosterplan, Wiesbaden 1997

Hellmann, Ch.: L'Architecture greque I/II, Paris 2002/06

Heisel, J. P.: Antike Bauzeich-

nungen, Darmstadt 1993

Hesberg, H. v.: Römische Baukunst, München 2005

Hitchcock, H.-R.: Die Architektur des 19. und 20. Jh., München 1994

de Jong, C./E. Mattie: Architekturwettbewerbe 1792 bis heute, Köln 1994

Höcker, Ch.: Lexikon antiker Architektur, Stuttgart 2004

Kamphausen, A.: Backsteingotik, München 1968

Kaufmann, E.: Architecture in the Age of Reason. Baroque and Post-Baroque, Toronto 1955

Kennedy, R. G.: Greek Revival America, New York 1989

Kerschner, S.: Architektur als Repräsentation. Spätmittelalterliche Palastbaukunst zwischen Pracht und zeremoniellen Voraussetzungen, Tübingen 2000

Kruft, H.-W.: Geschichte der Architekturtheorie, München 1995

Kohlmaier, G./B. von Sartory: Das Glashaus. Ein Bautypus des 19. Jh., München 1988

Lauber, W. (Hrsg.): Architektur der Dogon, München 1998

Lauter, H.: Die Architektur des Hellenismus, Darmstadt 1986

Mango, C.: Byzanz, Stuttgart 1986

Mignot, C.: Architektur des 19. Jh., Köln 1994

Mordaunt Crook, J.: The Greek Revival, London 1995

Müller-Wiener, W.: Griechisches Bauwesen in der Antike, München 1988

Murray, P.: The Architecture of the Italian Renaissance, London 1986

Murray, P. (Hrsg.): Living Bridges. The Inhabitated Bride: Past, Present and Future, München 1996

Neumann, D. (Hrsg.): Filmarchitektur. Von Metropolis bis Blade Runner, München 1996

Neumeyer, F.: Quellentexte zur Architekturtheorie, München 2002

Norman, E., Das Haus Gottes. Die Geschichte der christlichen Kirchen, Stuttgart 1990

Pehnt, W.: Die Erfindung der Geschichte. Aufsätze und Gespräche zur Architektur unseres Jahrhunderts, München 1989

Pehnt, W.: Die Architektur des Expressionismus, Ostfildern 1998

Pehnt, W.: Deutsche Architektur seit 1900, Ludwigsburg 2005

Pevsner, N. u. a. (Hrsg.): Lexikon der Weltarchitektur, München 1992

Pfammater, U.: Moderne und Macht – »Razionalismo«, Braunschweig 1996

Pierson, W. H. Jr.: American Buildings and their Architects, Bd. 1: The Colonial and Neo-Classical Styles. Oxford 1976, Bd. 2: Technology and the Picturesque – The Corporate and the Early Gothic Styles, Oxford 1986

Nerdinger, W. u. a. (Hrsg.), Revolutionsarchitektur. Ein Aspekt der europäischen Architektur um 1800, München 1990

Ricken, H.: Der Architekt. Zwischen Zweck und Schönheit, Leipzig 1990

Rykwert, J., The First Moderns: The Architects of the 18th Century, Cambridge, Mass. 1980

Rykwert, J.: The Dancing Column. On Order in Architecture, Cambridge, Mass. 1996

Scharabi, M.: Architekturgeschichte des 19. Jahrhunderts, Tübingen 1993

Scharf, A.: Farbe in der Architektur, Stuttgart 2002

Schenkluhn, W.: Architektur der Bettelorden, Darmstadt 2000

Schulte, K. (Hrsg.): Fliegende Bauten – Temporary Buildings. Der Messestand als konzeptionelle Aufgabe, Stuttgart 1997

Scobie, A., Hitler's State Architecture – The Impact of Classical Antiquity, London 1990

Summerson, J.: Architecture in Britain 1530– 1830, Yale 1993

Summerson, J.: The Architecture of the 18th Century, London 1969

Tarchanow, A./S. Kawtaradse: Stalinistische Architektur, München 1992

Tavenor, R.: Palladio and Palladianism, London 1991

Tönnesmann, A.: Die Kunst der Renaissance, München 2007

Toman, R. (Hrsg.): Die Kunst des Barock, Köln 1997

Toman, R. (Hrsg.): Die Kunst der Romanik, Köln 1996

Toman, R. (Hrsg.): Die Kunst der italienischen Renaissance, Köln 1994

Tsonis, A./L. Lefaivre: Architektur in Europa seit 1968, Frankfurt/Main, New York 1992

Untermann, M.: Architektur im frühen Mittelalter, Darmstadt 2006

Ward-Perkins, J. B.: Roman Imperial Architecture, Harmondsworth 1981

Warnke, M.: Bau und Überbau. Soziologie der mittelalterlichen Architektur nach den Schriftquellen, Frankfurt/Main 1976

Weber Soros, S. (Hrsg.): James »Athemian« Stuart. The Rediscovery of Antiquity, London 2007

Winndorfer, B./M. Hamm: Backsteinbauten zwischen Lübeck und Stralsund, Berlin 1990

Zukowski, J. (Hrsg.): Chicago Architektur 1872– 1922, München 1987

Die Rechte für alle nicht aufgeführten Abbildungen liegen beim Autor, beim Verlag oder konnten nicht ausfindig gemacht werden.